그 겨울밤,
청량리행 기차를 타고

김미자 시집

빛나는 시정신을 꼼꼼하게 엮어내는 — 마 음

그 겨울밤, 청량리행 기차를 타고

김미자 시집

1판 1쇄 인쇄/ 2024년 9월 25일
1판 1쇄 발행/ 2024년 9월 30일

지은이 / 김미자
펴낸이 / 우희정
펴낸곳 / 도서출판 마음

등록 ǁ 1993년 5월 15일 제3001-1993-151호
주소 03073 서울 종로구 성균관로5길 39-16
전화 ǁ (02) 765-5663, 010-4265-5663

값 14,000 원

*잘못된 책은 바꿔 드립니다.

ISBN 978-89-8387-368-2   03810

그 겨울밤,
청량리행 기차를 타고

김미자 시집

마을

시인의 말

　등단 소식을 들은 그 가을 저녁에 소국 한 다발을 안고 한참 걸었습니다. 포근한 달빛 너머에서 여전히 반짝일 별들을 생각하면서. 교정을 거닐며 소월과 영랑과 릴케의 시를 외우던 단발머리 때의 꿈이 이뤄진 것을 신기해하면서.

오늘도 새로운 하루를
달팽이 걸음으로 살아내며
시(詩)의 텃밭에서 가꾸고 거둔
꽃과 잎과 열매를 묶어
그대에게 보냅니다
민들레와 제비꽃, 꽃마리와 달개비
여뀌, 망초, 강아지풀처럼
낮은 곳에서 미소 짓는 풀꽃의 이야기들이
그대에게 전해지길 바라며

미숙한 저를 차근차근 이끌어주신 노유섭 교수님과 제 마음결을 올올이 헤아려주신 이명재 교수님께 큰절 올립니다. 손잡아주고 함께 걸어주신 문우들께 감사드립니다.

나의 주님, 찬미합니다. 묵묵히 곁을 지켜준 가족 모두에게 고백합니다. 사랑합니다. 그리고 고맙습니다.

2024년 9월 풀꽃 향기 속에서

김미자(서초)

· 시인의 말
· 평설‖이명재 ─ · 143

1. 청춘 스케치
도라지 꽃밭에서 ─ · 12
봄냉잇국 ─ · 13
달빛에 기대어 ─ · 14
폭염 속에서 ─ · 16
나비의 꿈 ─ · 17
거기서 기다릴게요 ─ · 18
6월의 신부 ─ · 20
청춘 스케치 ─ · 22
꽃보다 당신 ─ · 24
텃밭에서 ─ · 26
봄이 오는 소리 ─ · 27
푸른 낙엽 ─ · 28
7월의 오솔길 ─ · 30
겨울 여행 ─ · 32
청명한 브런치 ─ · 34

2. 민들레의 편지

해피 뉴 이어 ─ · 36
동백 ─ · 38
민들레의 편지 ─ · 40
괭이밥 꽃 ─ · 42
키다리노랑꽃 ─ · 43
동해바다 ─ · 44
나무튤립 꽃 ─ · 46
낭만싸롱에 가자 ─ · 48
그 겨울밤, 청량리행 기차를 타고 ─ · 50
비노리 ─ · 53
바람꽃에게 ─ · 54
장미에게 ─ · 56
벨루스 ─ · 58
파란 나팔꽃 ─ · 59
유홍초를 위하여 ─ · 60

3. 눈 쌓이는 밤

연필을 깎다가 ─·62

눈 쌓이는 밤 ─·64

남향집 ─·66

어느 반공일 ─·68

다시 벚꽃길에서 ─·70

간절한 부탁 ─·72

다시 5월 속으로 ─·74

백세를 향하여 ─·76

그 봄날의 소풍 ─·78

더덕 향기 ─·80

오직 엄마의 이름으로 ─·82

대가족 사용설명서 ─·84

그러니까 엄마 ─·86

재회 ─·88

홀로 돌아오는 길 ─·90

4. 작은 것들을 위하여

응석둥이 꽃 ─ · 92
상사화 ─ · 93
작은 것들을 위하여 ─ · 94
말없음표 ─ · 95
문득 전혜린 ─ · 96
저도에서 ─ · 98
가을 아침의 기도 ─ · 99
서귀포에서 ─ · 100
봄날에 하하하 ─ · 102
저녁 산책 ─ · 104
나직한 고백 ─ · 105
다시 안단테 칸타빌레 ─ · 106
비문(飛蚊) 선생 ─ · 108
그레이트 마징가 ─ · 110
마늘장아찌 ─ · 112

5. 초록빛 테라스에 앉아

성경을 쓰며 ─ · 114
몸살 ─ · 116
빅토리아 베이에서 ─ · 118
겨울의 길목에서 ─ · 120
초록빛 테라스에 앉아 ─ · 121
매미에게 ─ · 124
J에게 ─ · 126
시화전의 깃발 ─ · 128
세모(歲暮)의 일기 ─ · 130
2월의 편지 ─ · 132
꽃씨를 깨우다 ─ · 134
참혹한 계절, 그리고 아이들 ─ · 136
두 손을 모으고 ─ · 138
다시 일상으로 ─ · 140
축제는 끝나고 ─ · 142

1.
청춘 스케치

도라지 꽃밭에서

소나기 한바탕 휩쓸고 간 꽃밭에
별이 무더기로 떨어졌구나

가녀린 줄기에 서로를 의지하고도
쓰러질 듯 반쯤 누워
가을로 가는 하늘을 쳐다보는
마알간 얼굴마다 구슬이 오롱조롱

매미 소리도 사위는 오후
안으로 안으로만
늦여름을 익히는
도라지 꽃밭

오늘 밤에는 구름 사이로
아스라이 눈썹달이 흐르고
지친 가슴 가슴마다
보랏빛 고운 별이 가득 뜨겠네

봄냉잇국

바람 서걱대는 밭두렁에서
한나절 봄을 캐시는 어머니
구부정한 등 너머로
시나브로 번지는 우윳빛 안개

다듬고 씻은 냉이
소쿠리에 수북이 담아두고
아랫목에 허리 펴고 누우신
무욕한 얼굴에 햇살이 노니는데

콩가루 묻혀 한소끔 끓이노라면
폐포 깊숙이 스미는 파르란 향기 따라
문득 펼쳐지는 어머니의
아득한 봄날 이야기

달빛에 기대어

수북이 쌓인
생활의 찌꺼기를 버리다가
교회당 첨탑 위에 앉은 달과
눈이 마주쳤어요
명절 끝자락 이슥한 밤에

추석을 톡톡히 쇤 달에게
어깨를 내주고
달과 함께 걸었어요
달빛을 쬐며
소리 없는 이야기로
밤을 채우며

달빛에 기대어
달처럼 걸었어요

둥글어질 때까지
달을 닮을 때까지

오늘 처음 알았어요
달빛이 따스한 것을
달의 품이 포근한 것을

폭염 속에서

111년 만의 폭염을 피해
읽던 책 에코백에 넣고
챙 넓은 모자에 선글라스
화려한 레이스 양산까지 갖추고
쾌적한 공간을 찾아 나선다

지글대는 아스팔트 틈새
익다 못해 빨갛게 타들어가는
강아지풀
애처로운 손짓을 외면하려다
나 또한 공범이려니
이 재난을 초래한 죄 너무 뜨거워
발길을 되돌리고 마는데

문득 뒤돌아보니
큰길 건너 새로 단장한 북카페
적도 위의 섬처럼
아득히 멀다

나비의 꿈

나비가 되어
긴긴 여름날
회화나무 꽃그늘에 누워
매미 소리
졸며 깨며 듣다가

저녁놀 나지막이 드리우면
배롱꽃구름 한 자락 물고
고이 접어둔 비단부채
펼쳐 들고 싶구나

조금씩 어둠을 밝혀드는
작고 푸른 별에
다다를 때까지

거기서 기다릴게요

전철역 에스컬레이터를 타고
1번 출구로 나오세요
때론 빗방울 떨어지고
함박눈도 흩날리지만
오늘은 구름 한 점 없이 투명한
저 하늘 향해 방긋 웃어주고
오른쪽을 바라보세요

연초록 간판이 걸린 은행과
유리문 활짝 열린 약국 사잇길
빵 굽는 향기를 따라와
마카롱과 크루아상을 사고
조붓한 골목을 환히 밝히는
작은 꽃집에도 들러
꽃마다 이름을 불러주고
장미 넝쿨진 울안으로 들어오세요

봄마다 낮밤 없이 꽃등을 켜고
마음 길 이끌어주는
키다리 목련과 수인사하고
아이들 웃음소리 따라오시면 거기
파고라를 덮은 등나무
초록 짙은 그늘에서 기다릴게요
거기서 그대를 기다릴게요

6월의 신부

초록 공단 드레스에
연보랏빛 지칭개 꽃다발
미소조차 싱그런 유월의 신부
망초꽃 수놓은 너울 드리우고
토끼풀 흐드러진 들판을 지나
외진 길섶 망향대에 기대선다

철책 너머 저편
안개 서린 비봉과 남산
드넓은 연백평야 뒤로 보내며
십 리도 못 되는 바다쯤이야
한달음에 건너 달려온다던 약속은
연안 어디쯤에 발이 묶여버리고

멈춰버린 시간은 삭아 부서져
바람도 발길 거두는 잿빛 바닷가

오동나무 그늘은 여전히 푸르른데
하얀 나비 한 마리
야윈 어깨 위에 앉아 파르르
흐느끼는가

청춘 스케치

카톡 창에 뜬
빛바랜 사진 한 장에
단숨에 수십 년을 뛰어넘는다

그래 그랬었…었지
산골마을 분교 앞 개울가
검게 그을린 땀투성이들
괭이며 삽을 든 채 웃고 있다

영영 떠나버린 친구도
이름이 생각나지 않는 친구도
그날 그 순간
앳된 모습 그대로 웃고 있다

희끄무레 낡고 얼룩진
흑백사진 한 장이 일으키는

싱그러운 바람을 따라나서면
푸르던 그 시절로 돌아가려나
돌아갈 수 있으려나

꽃보다 당신

작약 꽃밭으로
다가서는 두 사람
곱게 주름진 눈매가 닮았다

연청색 캐주얼 슈트의 신사가
낙낙한 물빛 원피스가 잘 어울리는
숙녀를 향해 싱긋 웃으며
꽃보다 당신이 어여쁘다 한다
한 손으로 은발을 쓸어넘기더니
어깨에 멘 카메라를 잡으며
꽃 옆에 서보라는데

꽃보다 예쁜 당신?!
어쩌다 엿들은 말에
뺨에서 가슴까지 붉어지는데
그렇게 어여쁜 당신은
말없이 미소 지을 뿐

사진 몇 장 찍고서
천천히 멀어져가는 두 사람
뒷모습이 꽃보다 아름답다
5월보다 푸르다

텃밭에서

의혹과 불안이
생활의 벼릿줄을 흔들 때는
가슴속 빈터를 일구어보자

강아지풀, 달개비, 질경이들을
넉넉히 들이고
가꾸지 않아도 무리 짓는
미소한 것들에 취하여
드문드문한 별빛이라도 입고 서서

오복소복 피어 꿈꾸는 풀꽃처럼
텃밭을 채우며 반짝이다가
이윽고 깊은 허기를 달래줄
한 편의 시(詩)라도 가꾸어보자

봄이 오는 소리

매화 두어 송이 벙글어
법당 추녀 끝 감도는 향기
소소리바람 재우며 잔설 위에 내리면
풍경 소리 고요해지고
목어도 지그시 눈 감으며
귀를 기울인다

산문(山門) 아래
보시시 눈뜬 봄풀이
유청라 저고리 고름 여미는 소리,
언덕 넘고 들 건너며
오색 주단 두루마기
겹겹이 펼치는 소리에

푸른 낙엽

어쩌다 꿈을 놓치고
소리 없이 지는 여름 잎
책 갈피갈피에 끼워두었다가
함박눈 쌓이는 밤
마른 잎 향기에 함뿍
취하고 싶다

경, 순, 희, 숙, 자…
사금파리처럼 반짝이는
꿈을 가꾸던 앳된 얼굴들
나비 앞세운 오솔길
조개껍질 줍던
노을 내린 바닷가
잎마다 차근차근
그려넣고 싶다

바람과 시간의 무늬 위에
가지 못한 길과
먼 잔별처럼 깜빡이는
차마 잊을 수 없는 꿈
손글씨로 또박또박
새기고 싶다

7월의 오솔길

망초꽃에 앉은 흰나비
마냥 한가로운데
산딸기 빨갛게 익어가는
호젓한 오솔길

얼크러져 핀 칡꽃, 메꽃, 계요등
향기를 따라가노라면
저만치 패랭이꽃 한 송이
까치발로 기다리는데

고개 숙인 산나리꽃 하도 고와서
하늘빛 캔버스에 그려 옮기고
초록빛 서툰 시도 써보다가
풀 냄새 새소리 동무하여
이야기꽃 피우며 걷던

휘었다 펴지고 구부러지며
사라질 듯 이어지는 조붓한 길
바람도 웃으며 쉬었다 가는
먼먼 옛길 7월의 오솔길

겨울 여행

밤사이 핀 눈꽃이
햇살에 비껴 눈부신 오늘은
먼 길 떠나기 좋은 날
베란다 오지화분 속 민들레
가녀린 꽃씨야
외투도 식량도 나침반도 없이
외별 날개옷만으로 떠나려느냐

너를 위해 남창을 여느니
떠올라라 꽃씨야
푸르청청 바람을 타고
고이 간직한 꿈만큼이나
높이 솟구쳐 날아라 날아라
멀리 갈수록
크게 자란다더라

꽃씨야, 겨울 길 떠나는 아가야
두려움 버리고 후련히 날아
외진 길섶, 산모롱이에 덥석 내려라
어느 날 다시 꽃샘바람 휘감칠지라도
언 땅을 뚫고 활짝 피어나라
무구한 웃음으로 가장 먼저
눈부신 봄을 열어라

청명한 브런치

비 그친 아침
새들의 노랫소리 들으며
식탁보를 펼친다

세레니티 블루 하늘을 가득 따른
크리스털 글라스에
페일 핑크 제라늄 꽃잎 띄우고
비비추 달개비꽃 민트를 올린
그리너리 샐러드는
나비가 춤추는 순백의 접시에

터쿼즈 블루 메인 접시에 담은
목화구름 수플레에
금빛 햇살 마음껏 덧뿌려
내가 나를 위해 마련하는
비 갠 날의 브런치

비발토 룽고 커피 한 잔으로
더욱 청명해진다

2.
민들레의 편지

해피 뉴 이어

세모의 저녁놀 다르지 않고
새해 첫 해오름 한결같으니
해피 뉴 이어
내일도 모레도 여일(如一)하기를

감사하자, 충실하자
해바라기의 마음으로 살자
꿈꾸는 것은 평범한 일상
그저 볕 좋아
눈물 나도록 고마운 나날이기를

해피 뉴 이어
사랑 자분자분 가슴에 고이고
기쁨 차분차분 마음 채우는
화평한 하루 또 하루이기를

하늘 우러러 속삭이는
가만하고 푸르른 소망 하나
해피, 해피 뉴 이어!

동백

서슬 퍼런 눈보라 속에
뜨거운 마음 걸어두고
소리 없는 웃음으로
그대를 생각합니다

나직한 돌담 그늘에 누워
까마득히 잊힐지라도
동그랗게 웃으며
그대를 사모합니다

외로움 모두 내려놓고
눈부신 초록 눈물로
핏빛 상처를 씻으며
그대만을 그리나니

저녁놀 붉고 붉어도
봄으로 가는 바람따라
흩어지는 나의 노래
그대를,
오직 그대만을 사랑합니다

민들레의 편지

겨우내 나는
열다섯 폭 치맛자락을 펼쳐 볕을 거두었다
마지막 한 줌의 온기까지 탐하면서
심장 가까이 너를 품고 뼈를 흔드는 바람을 버티었다
발끝에 힘주고 검불 사이로 몸을 낮춘 채
미풍이 가지 끝을 간질일 때 나는 너를 깨웠다
치마폭 들썩이며 환호하던 햇살 가득한 얼굴
너의 첫 웃음을 어찌 잊을까

빛나는 날은 가고 나는 물레질을 한다
길쌈과 바느질로 분주하던 일고여드레
눈부신 털옷을 너에게 입혀
후덕한 바람에 태워 보내거니
가서 너의 날을 살아라
네 이름은 민들레, 기억해다오
나는 여기 남는다
나의 터전, 네가 떠난 그 자리에

어느 바람결에 너 닮은 꽃씨 하나
편지처럼 찾아들면
나는 한눈에 알아보리니
보송한 피붙이를 그러안고
웃어도 웃어도 눈물어릴 그날을
기다리련다

괭이밥 꽃

반기는 얼굴 아득하고
알아보는 눈길조차 없어도
뽑히고 버려져도
다시 또 그 자리
고운 하트 겹겹이 엮은
풀방석 깔아놓고
먼 하늘 우러러 빛나는
시큰한 눈망울

외로워 낮아지고
서러워 더욱 낮아지더라도
사랑받고 싶어서
사랑하고 싶어서
동그랗게 모여 앉아
별빛 웃음을 문 채
시리도록 빛나는
아기 풀꽃

키다리노랑꽃

낙성대로 이어지는 샤로수길
외래어와 모국어 간판이 뒤섞인
구부러지고 휜 골목들을 지나
예쁜 디저트 가게를 끼고 오세요
비탈길을 얼마쯤 오르다 보면
두 뼘쯤 되는 꽃밭에
전 활짝 피어 있을 거예요
전깃줄 얼기설기 얽혀
좁고 낮아진 하늘을 이고도
씩씩하게 웃고 있을 거예요
만나서 반갑다고 손 내미실 거지요
피느라 애썼다고
오후의 햇살로 정답게
웃어주실 거지요

동해바다

그리워라
패랭이꽃 가슴에 꽂고
수평선 아득한 언덕에 오르면
덥석 감싸 안는 물빛 바람
도란거리는 물새 소리
솔밭 사이를 거니노라면
제멋에 겨워 불러주는
파도의 돌림노래

뜨거운 모래톱을 맨발로 달려
젖은 몸 말리던 갯바위에 앉아
너에게 두 손 담그면
동그랗게 간지럽히다
두 발마저 담그면
마디마다 헤아려 보듬어주는
엄마 손길 그리워라

가없이 짙푸른 고향 바다
기뻐 뛰놀거나 애달파 무너지거나
풍랑에 흔들릴 때면 더더욱
달려가 안기고 싶은
그토록 웅숭깊은 동해
못내 그리운 나의 바다여

나무튤립 꽃

솜털구름 따라가다 마주친
상큼한 얼굴
마주하는 눈길에
순정한 미소로 건네주는
깊고 따스한 위로
연두와 노랑이 섞인 웃음이
혈관을 따라 힘차게 흐르면 나는
처음 보는 사람들에게 다가가
말을 걸어봅니다

저 풀밭 가장이를 돌아
조금 더 가서
늘씬하니 잘생긴 나무 곁에
잠시 머물러보세요
잔바람에 수줍게 물결치는

연초록 새틴 사이로 미소 짓는
새뜻한 얼굴 마주보며
환하게 웃어보세요

어느새 나도
나무튤립 꽃으로 피어납니다

낭만싸롱에 가자

레나, 비가 내린다
우리 전철을 타고 그 역 샤로수길로 가는
2번 출구에서 만나자
파란 비닐우산을 쓰고 나란히
얕은 비탈을 오르다 별다방을 끼고 돌아서
익숙해도 낯선 골목을 어슬렁거리다
거기 기호가 인경이 꼬신 낭만싸롱에 가자

레나, 다정한 불빛 아래 앉아
네 커다란 눈동자를 이윽히 바라다보다
피치크러시와 모히또 잔을 들어
건배하자 아득히 먼 곳으로 가버린
풋내 나는 날들과 우리가 잊고 만 이름들을 위하여
오징어 튀김과 새빨간 떡볶이를 입에 가득 문 채
눈물을 찔끔거리며 어느 구석엔가 숨어 어른거릴
옛날을 찾아 숨바꼭질을 해도 아무도 모를 거야
슬프고 외롭고 달콤한 음악이 흐를 때

인경이 꼬시느라 애타는 기호들과
새침하게시리 눈을 내리깐 인경이들 사이에
섬처럼 갇혀 잔을 부딪고 나직이 노래를 부르면
그 얼굴, 이름, 푸른 별 같은 기억들이 떠오를지도 몰라

레나, 비가 그치고 그물거리는 하늘에
저녁불빛 애드벌룬으로 가득 뜨는 샤로수길
네 맑은 눈망울에 달과 별이 다 흘러가도록
청춘의 그림자 돌아오지 않더라도
레나, 다시 비가 내리면 우리 파란 비닐우산을 쓰고
애플민트 향기 무성하게 흐르는 그 골목
기호가 인경이를 꼬신 전설을 간직한
이제는 사라져버린 낭만싸롱에 가자
스프리처와 블루사파이어 잔을 부딪자

그 겨울밤, 청량리행 기차를 타고

그 겨울 대학입시 일정에 맞춰
몹시 추운 오후 아버지를 따라나섰습니다
성북리 담뱃가게 앞에서 완행버스를 타고
오십천 강변을 굽이굽이 거슬러 갈 때
미리감치 먹어둔 약도 소용없이
원당리 오르막길부터 시작된 멀미로
어두워지는 도경리역 플랫폼에 쪼그리고 앉은 채
철길 아래 외갓집 쪽만 멍하니 바라보다가
청량리행 통일호에 올랐습니다

기적을 울리며 떠난 밤기차가
미로, 상정, 신기, 마차리 지나 하고사리부터
가팔라지는 길을 따라 척척 속력을 올리면
더욱 덜컹거리며 요동치는 객차 안에서
바작바작 흐르는 진땀에 절어버렸고
도계를 지나 통리재로 치닫던 기차가

나한정과 흥전 사이 스위치백 구간을
천천히 뒷걸음질할 때부터는
이마를 창에 댄 채 잠든 척했습니다
아버지 걱정하실까 흐릿한 불빛을 등지고

깊은 어둠을 가르며 춘양, 봉화를 거쳐
영주를 지날 즈음 사과 향기 떠올리고
풍기에선 인삼의 약성을 마음으로 들이켜봐도
도무지 가라앉지 않는 속 때문에
아버지가 사주신 삶은 계란, 오란씨
쳐다보기조차 힘들었습니다

제천에서 기관차를 바꾸는 사이에 달려가
선 채로 가락국수를 먹고 온 이들이 풍겨대는
진한 왜간장 냄새를 견디다 못해
화장실로 달려가고야 말았지만
경상도 충청도를 두루 거쳐
신림, 원주, 벌써 그리운 강원도를 다시 들러
경기도 양평, 덕소를 지날 때
어둠 속에 반짝이던 강과 넉넉한 물 내음은

제 마음을 어루만져주었습니다

마침내 기차는 청량리역에 멈춰 서고
휘청거리며 역사를 벗어난 첫새벽
역 앞 광장을 휘돌던 기름진 냉기는
도무지 청량하지 않았지만
대왕코너 옆 지하다방 벨벳 소파에
축 늘어져버린 깡마른 아이에게
파마머리 푸시시한 마담이 권해준
대추, 잣 듬뿍에 계란노른자 동동 뜬
쌍화탕 맛은 지금도 또렷합니다

오래전에 헐려 상호마저 가물거리는
청량리역 앞 너른 찻집
아침을 기다리는 이들로 가득하던 그곳엔
알 수 없는 설렘이 넘칠 듯 고여 있었고
햇살이 내릴 때까지 그 설렘은
긴 밤 지샌 저를 안아주었습니다
가만가만 안아주었습니다

비노리

비노리 곧추서서
춤춘다

주차장 구석 빈 화분에
슬그머니 살림을 차렸던 비노리
만추의 석양에 보랏빛으로 타오르다
창백하게 스러져 갔는데

남실바람에 실려 온
매화꽃 편지에
실눈 뜨고 기일게 기지개 켜는
여린 손끝에 입 맞추니
사방이 환해진다

비노리 다시 일어서서 춤춘다
연둣빛 세상을 춤춘다

바람꽃에게

산 깊고 아득하여
골짜기로 가는 숲길 고적한데
나른한 꿈에서 깨어
간간이 비끼는 햇살을 입고
보시시 웃는 그대
무구한 얼굴

까치발로 서서
바람의 길목을 향하여
풀빛 스카프 흔들며
사운거리는
가녀린 그대여

아시나요
바람 따라 피어날 꽃을 찾아
오늘도 들과 산과 골짜기를

넘어지고 일어서며
헤매고 떠도는 나를
알고 있나요

장미에게

백만 송이 피어도
정결하고 엄숙하니 스스로 경계하네
외모는 본성, 고혹은 천부의 재능
여신의 눈물에서 태어난 그대
향기 그윽해 더욱 고결한
장미여

먼 데서 달려와 겸허히 내미는 손을
외면해 뿌리치는 그대
매몰찬 거절도 달콤하거니
가시에 찔릴지라도
차마 거두지 못해 허공에 떠 있는
나의 두 손에
갈 곳 잃은 시선이 머무르는데

날카롭게 휘어 꺾인 가시가

로오단테*의 순결을 지켜온
티 없이 준엄한 역사를 증거하듯이
옹이가 박인 나의 손에는
순응으로 받든 세월 낱낱이 새겨 있거니
그대 차디찬 눈길 거두고
오래된 이 마음을 받아주오

백만 송이 피어도
오롯하고 단정하니
스스로 엄격한 그대
나의 사모하는 장미여

*그리스 코린토의 예쁜 아가씨 로오단테는 밀려드는 구혼자들 때문에 신전으로 피신하였는데, 아폴로가 그녀를 장미로 만들었다. 그녀는 사람들이 만지는 것을 막으려고 가시로 몸을 감쌌다고 한다

벨루스

간밤에 내린 별들이
떠나지 않고
아침을 맞았는가
창가 조그만 화분 위
진홍빛 벨루스
눈이 부시다

너처럼 나도
어여쁘고 싶다
사랑받고 싶다

파란 나팔꽃

밤이 깊고 어두울수록
더욱 선명한 향기 자아올려
첫새벽 하늘가를 적시며
동그랗게 희망을 받쳐 드는 꽃

그 어느 꽃보다 먼저 벙글어
온 밤을 하얗게 뒤채인 가슴 가슴에
담청빛 향기 건네고는
옷깃 여미며 총총 스러지는
속정 깊은 꽃

다가가 눈 맞추면
먼저 웃어주는
가만히 쓰다듬어주고픈
파아란 나팔꽃이여

유홍초를 위하여

초겨울 바람 스산한데
어디서 왔는지
빈 화분 구석에
철없이 핀
유홍초 한 송이

어찌할 바 몰라
오두마니 쪼그린 채
진홍빛 입술만 달싹이다
고대 스러져버린
조그마한 꽃

가만가만 보듬는다
부디 열매 맺으라
좋은 날 골라
다시 꽃 피우라
기도하면서

3.
눈 쌓이는 밤

연필을 깎다가

저녁 뉴스 끝나기를 기다려
슬그머니 필통을 내밀면
반달 눈웃음 지으시던 아버지

국화꽃잎 같은 연필밥
신문지 위에 소복이 쌓으며
매끈하게 다듬으시던
연필 몇 자루

날렵한 육각 몸체에 지우개 달린
진노랑 동아연필
낙타 무늬 박힌 향나무 문화연필
금빛 잠자리 그려진 톰보우 4B연필
빨강과 파랑이 반반인 색연필
깍지 쓴 몽당연필들

백열등 불빛 아래 연필을 깎아주시던
아무 일도 없던 저녁시간이
이다지도 울컥울컥
그리울 줄이야

눈 쌓이는 밤

눈이 펑펑 쌓이는 밤이면
잠을 잊으신 아버지
몇 번이고 눈을 쓸러 나가시던
우람한 어깨에 내려앉는
서늘한 고요를 흔들던
싸리비 소리

창창한 햇살 아래
무릎까지 푹푹 빠지는 눈을
가래로 밀고 삽으로 퍼내고 다시
싸리비로 오롯한 길을 내며
눈부신 풍경이 되시던 아버지

공터 눈사람 곁에
커다란 눈 동산 만드시고
빙 둘러보며 싱긋 웃으시면

숨죽이고 섰던 동네 아이들
한꺼번에 내달아 미끄러지며 외치던
함성도 그치고

눈이 자꾸 쌓이는 이 한밤
어디쯤에서 눈을 쓸고 계실까
창가에 서서 귀 기울이면
멀었다 가까웠다 다시금 아득해지는
가볍고 힘찬 소리
아버지의 싸리비 소리

남향집

떠나온 세월 아득해도
때때로 찾아가 한참씩 바라보던
걸음마부터 배운 집 스러진 자리
철근 구조에 세련된 인조석
낯설고 우람한 빌딩 앞에서
우렁우렁 솟구치는 눈물

터를 다시 파고 주춧돌 놓아
적송 기둥들 일으켜 세우고
서까래 들보 올려 팔작지붕 펼치고
벽 바르고 구들 놓고 부뚜막 지어
큰솥 걸고 장작불 지피면
방고래 타고 흐르는 온기

앞마당 병아리떼를 뒤쫓다
툇마루에 앉은뱅이책상 펴놓고

가갸거겨를 끼적일 적이
할머니는 고박고박 해바라기하시고
고모 삼촌 숙모 사촌들 모여
날마다 잔치 벌이던 집

친목계 가신 부모님 기다리며
늦도록 재재바르던 일곱 남매도
희끗희끗 낡아지는데
햇살 같은 기억 품안고
다시 일어서는 남향집
끝끝내 그리울 나의 고향집

어느 반공일

엄마가 불쑥 막둥이만 업고서
외가에 가버리고 사흘 지난 반공일
세 시간 수업 마치고 집에 오니
부엌에서 손짓하시는 아버지

불집게 위에 걸쳐 뜸들이던
노란 양은냄비를 내리고
이글거리는 연탄불 위에 석쇠를 얹어
지글지글 장어를 구우신다

부뚜막에 앉힌 큰딸이
포슬포슬한 냄비 밥을 숟가락으로 뜨면
노릇노릇한 장어를 후후 불어 얹으며
어서 먹어라 눈짓하시는 아버지

꼭꼭 씹어 든든히 먹고
세 시 버스로 도경리 다녀오라시더니
너희 엄마 실컷 쉬었을 거라며
엷은 미소를 지으신다

다시 벚꽃길에서

벚꽃 피면 같이 걷자던 너는
그 봄, 꽃이 피었다 다 지도록
창백한 병실에 갇혀버리고
나는 온 봄을 채운 꽃들이
하나도 보이지 않았다

시폰 스카프 하늘거리며
너와 꽃구름 아래를 거닐 때
눈물 나도록 고운 꽃길이
거기 있었는데
어느 눈 내리는 고요한 밤
야윈 손 흔들며
눈꽃 사이로 걸어간 너는
어디서 길을 잃었는지

봄은 다시 오고 꽃은 또 피어

꽃눈 되어 쌓이는데
오지 않는 너를 기다리며
해 질 녘 긴 그림자 하나 우두커니
제 발끝만 쳐다본다

간절한 부탁

지난 목요일 검진 때 무탈하셨고
금요일엔 종일 봄나들이 하고 오신
어머니

주말 이틀 쉬고 난 오늘은
복사꽃 고운 자태 보러 가자시더니
갑작스레 병실에 갇혀
깊은 잠에 빠지셨으니
어찌하나요

차마 취소할 수 없는 그 약속
며칠 말미를 둘 테니
내일 아니 모레쯤엔 일어나세요
난생처음 드리는 부탁
꼭 들어주세요

오수에서 깨듯 툭툭 털고 일어나
환하게 웃으며 돌아오시면
그날 볕바른 앞뜰에
어머니 좋아하시는 철쭉도 피어
만발할 거예요

다시 5월 속으로

백수(白壽)의 어머니
수척해진 어깨를 펴고
햇살 비끼는 창가에 다가섭니다
고달픈 병석을 걷어내고
다시 마주한 당신의 뜰을 향해
나아갑니다

지기지우를 기다리다
목이 더 늘어난 키다리 철쭉
진홍의 꽃다발 건네며 벙싯거리고
연초록 드레스 떨쳐입은 신출내기
당신을 보고파 하던 5월이
팔 벌려 다가오면
봄날보다 온유한 미소로 맞는
어머니

당신을 그리워하던 손을 잡고
한 걸음 또 한 걸음 지성껏 걸어온 생애에
새 하루를 덧대며 나아갑니다
당신의 아흔아홉 번째 5월
진홍의 꽃빛보다 찬연할
그 5월 속으로

백세를 향하여

아흔아홉 번째 생신날
정갈하고 따뜻한 음식을 나누고
꽃 장식 상큼한 케이크에
헤아리기 민망타는 말씀에 따라
촛불을 하나만 켭니다

엄중한 팬데믹 거리두기로
보고픈 손주들 다 만나진 못해도
언니라 누이라 불러주는
단정한 눈매가 똑같은 아우들과
희끗희끗 서리 내린 머리에
웃는 모습도 닮은 아들 며느리들을
찬찬히 둘러보시는 어머니
-불 끈다아~
살짝 떨리는 목소리 끝에
촛불은 꺼지고

감사드리며 기도하오니
맑은 웃음과 덕담으로
백 년째의 첫날을 여신 어머니
날마다 즐거우소서
날마다 기쁘기만 하소서

그 봄날의 소풍

그 봄날 소월길 지나며
반쯤 번 진달래 꽃빛에
먼저 취하신 어머니

석조전 계단을 손잡고 올라
청전, 소정, 운보, 천경자의 그림 앞에서
화폭마다 당신의 꽃 시절을 새기며
옷깃 다시 여미고 깊어진 눈빛으로
남농의 삼송도를 이윽히 바라보다
덕수궁 돌담길도 걸으셨지요

옛 기억 가득한 북촌을 지나며
뭉글뭉글 솟는 그리움
자하문 밖 만두집 뜰에 흘리고
환기미술관 카페 둥근 다탁에
좌르르 쏟아내고도 남은 사연은
스카이웨이 꽃구름으로 띄우셨지요

길상사 법당을 비켜 돌아
영춘화 해사한 둔덕을 오르며
당신의 연분홍 시절을 추억하던
그 봄날의 소풍

강산이 변한 지금
이리도 또렷이 떠오를 줄 몰랐다며
파안대소하시네요

더덕 향기

새댁 때부터
엄마 손맛 그리며 달려가는
사계시장 들머리에
마분지 두어 장 깔고 앉아
구순한 미소로 반겨주던
오대산 깊은 골에서 왔다는
말순 이모를 꼭 닮은 아주머니

마흔 몇 해
더덕보다 더 더덕 같은 손으로
벗겨내는 까풀 사이로
재빨리 날아와 휘감아드는
알싸한 고향 향기로
애틋한 마음 쓰다듬었는데

지난겨울 가고 새봄이 스러지도록
보이지 않던 그 아주머니
오늘 긴 여름 해 설핏 넘어갈 제
새로 마련한 철제 카트에 높이 앉아
무릎 수술 받아 힘들다면서도
여전한 웃음으로 맞아주는
더 자글자글해진 얼굴

꼬옥 끌어안고 뽀뽀하고 싶었다
손잡고 춤추고 싶었다
이모가 돌아왔다
더덕 향기 데리고

오직 엄마의 이름으로

더러 밥을 태우고 약도 건너뛰고
이냥 우울하고 저냥 입맛도 없다지만
먼지 한 톨 안 구르게 집을 가꾸고
충치 없고 무릎 튼튼하고 허리도 꼿꼿한
이제 겨우 아흔인 우리 엄마 옥인 씨
마냥 연연(戀戀)한 나의 첫사랑

그날도 연분홍 장미 달린 모자에
데이지 꽃 총총한 드레스 떨쳐입고
소풍 가듯 병원에 들렀다가
기억을 지우는 지우개가 나타났다는 말에
그럴 리 없다며 담담했지만

당신도 일곱 자식도 모르게 스쳐간
머릿속 미세출혈이 남긴 흔적에
마구 해일에 휩쓸리는 심정
꾹꾹 누르며 약속할게요

하늘의 자비와 가호가 있으리니
에스시탈로프람, 벤라팍신이
마음의 명랑(明朗)을 찾아주고
글리아티린, 아리페질이
은하수 같은 기억을 지켜줄 거예요

내 첫사랑 옥인 씨 용기를 냅시다
사랑이란 말을 알기도 전에
영육에 각인된 사랑으로 함께할게요
엄마, 굳세고 당차게 나아가요
오직 사랑으로, 다시 엄마의 이름으로

대가족 사용설명서

면회시간이 가까워지면 약속 없이도
중환자실 앞에 속속 모여드는
엄마의 칠남매와 그 배필
손자들, 손부와 손녀부, 어린 증손들
서른둘 중 대여섯씩 날마다 달려와
30분을 잘게 쪼개 쓴다

사랑해요, 고마워요, 힘내세요
노래하고 춤추며 재롱부리고
손잡고 안고 쓰다듬고 주무르며
떼쓰고 졸라댄다
키워주고 맛난 거 많이 해주신 것
다 갚으려면 까마득하니
무조건 이겨내라고
반드시 털고 일어나야 한다고

한 달 보름 만에 일어선 엄마
성화를 못 견디겠다며
겨우 물 한 모금 넘기게 된 몸을
꼿꼿이 세우고 한 걸음 내딛으니
한마음으로 환호하는 분신들

그래요, 옳지, 그렇게, 그대로
몇 번만 더 걸어봐요
생기 어린 눈빛으로 다시 한 걸음
하나아 두울 셋, 그대로 한 번만 더
그렇게 우리에게 돌아오라고
힘주어 속삭이고 토닥토닥 외친다

그러니까 엄마

그러니까 그 저녁 내내 엄마가
핑크빛 미소 가득 머금고 내 눈을 들여다본 거
그거 안녕이란 말 대신한 거였지요?

그날 아침에 비타500 드실까 여쭈니
눈을 반짝이며 맛있다, 맛있다 하셨잖우
집에 사이다 잔뜩 쟁여놓았다는 말에
응, 응, 그래, 퇴원해서 먹자며 방긋 웃고
카스텔라 사러 갈까 하니 가뿐히 몸을 일으키고
포근하고 촉촉한 감촉을 찬찬히 음미하셨지

바람 쐬러 나갔다가 따 드린
철 잊고 핀 연보라 철쭉 한 송이
품에 꼭 안고 주무시더니
기저귀 갈 때 이렇게, 이렇게? 하며 도와주셨잖우
딸 힘들까 봐 남은 힘 꾸욱꾹 짜낸 걸 모르고
그저 옳지, 옳지 하며 좋아했으니…

저녁나절 퇴원해 둘째네 가서 차린
뭉근한 죽과 굴비를 드시고 나서
사뭇 화사하고 생기로운 얼굴로
좋아하는 연속극 좀 더 보고 싶다기에
조몰락거리던 손을 놓고 일어서는데
환히 웃으며 내일 또 만나자 하셨을 때
그 밤이 가기 전에 올 이별을 어찌 알았겠어요
그리 가실 걸 짐작이나 했겠느냐구요

그러니까 엄마가 그토록 환하게 웃어준 건
떠나겠다는 말 차마 할 수 없었던 거지요?
못 가게 할까 봐, 안 된다고 우길까 봐 그러신 것을
이제사 깨달은들 무슨 소용 있겠어요
곱씹어 헤아린들 뭐가 달라지겠어요
엄마, 엄마, 내 사랑, 나의 첫사랑

재회

언제나 비빌 언덕이요
지붕이자 맘껏 기댈 벽인 아버지
때가 되어 고운 님 모셔왔어요
이르다거나 늦었다는 말씀
안 하실 거지요?

엄마, 우리의 첫사랑
도타운 그 그늘 그리울 때마다
미워라, 마냥 미워라 에두르던
미쁜 님 곁에 모셔드리니
못다 한 응석 부려보세요

가슴 한켠이 넌짓 푸근해지고
눈은 젖어도 입가엔 미소가 몽글거리니
시름과 걱정 주(主) 날개 아래 내려놓고
그저 도란도란 오순도순
즐겁고 평안하세요

언제까지라도 일곱 남매
바르고 씩씩하게 살 테니까요
도란도란 오순도순 살 테니까요
별처럼 총총한 사연들 이야기하며
가없는 그 사랑 되새기며

홀로 돌아오는 길

응급실 닫힌 문 너머에 갇히신
백수(白壽)의 어머니
진료 때마다 나에게 기대
불안을 다독이던 모습 아른거려
종일 서성이며 가슴 졸였지만
끝내 중환자실로 옮겨지시고
홀로 돌아오는 해거름
늘 함께 지나던 그 길이 낯설어
두리번거리고 자꾸 뒤를 돌아봅니다

가방을 열었다 닫았다 뒤적이고
휴대폰을 켰다 껐다 멍하니 바라보고
듣는 이도 없는데 중언부언하다가
두 손을 펴고 들여다봅니다
당신의 지문이 묻어 있을까 하여
두 손을 가만히 맞대어봅니다
당신의 체온이 남아 있을까 하여

ABCD

4.
작은 것들을 위하여

응석둥이 꽃

화분에 과꽃 씨를 뿌리고
이름표도 달아놓고 기다렸는데
조그맣게 돋아 쑥쑥 크는 갸름한 얼굴
가녀리나 단단한 자줏빛 줄기
잔털 돋은 마디에 어긋난 이파리들
길가 풀숲에서 만날 때마다
한참씩 쓰다듬어주던 애기여뀌가
이렇게 찾아올 줄 몰랐어요

고 조그만 게 어찌나 응석이 심한지
하루에도 몇 번씩 축축 늘어지며
놀아달라 떼쓰는 바람에
조석으로 물 떠먹이고
날마다 서너 번씩 등목도 시켜주었더니
가을바람 사운거리는 아침 창가에
총총총 피어 웃고 있어요
뿌잉뿌잉 하면서 웃고 있어요
여전히 과꽃이란 이름표를 단 채

상사화

그리워 그리워서
밤을 새워가며
향기로 채워 쓴 편지
스치는 바람에 실어 보내고
기다리고 기다려도
빈손으로 돌아오는 바람
달빛만 고요히 비출 뿐

서러워 서러워서
눈물로 꽃은 지고
마디마다 맺힌 슬픔조차
소리도 흔적도 없이 흩어졌는데
어느 허공 바람결에
이제사 움터 손 흔드는
푸르디푸른 답신이여

작은 것들을 위하여

살짝 수줍은 좁쌀냉이
마냥 순진한 봄맞이, 꽃마리
걸그룹 군무를 뽐내는 황새냉이
독립투사의 결기를 지닌 뽀리뱅이
길바닥에 누워서도 굳센 질경이
눈웃음 사랑스러운 갓냉이
거리의 댄스 요정 씀바귀
팝핀 스타 큰비노리

바람이 불거나 불지 않거나
궁색해도 낙락(樂樂)한 제 살림에 골몰한
그저 작고 생기로운 것들을
따스한 눈길로 응원하는데

바람이 불거나 잦아들거나
작은 것들을 보듬는
이 찬란무쌍한 봄날은
그저 무심히 흘러 흘러간다

말없음표

오가는 안개비쯤엔
미동도 없이
깊은 무념에 빠진 바다

맨몸으로 부딪혀도
아파하지 않고
저 혼자 다독이는 파도

빈 몸으로 바위 등에 잠든
조무래기따개비
가물가물 화석이 되느라
납작 엎드린 억겁의 시간

묵묵한 언어를 해독하다가
말없음표 하나
포말에 얹어본다

문득 전혜린

소소한 외로움에 갇히고
생활의 조밀(稠密)에 떠밀려
까마득히 잊었던
시리도록 청신한 내 봄날이
안녕, 하고 문득 속삭이면
아슴아슴 옅푸른 낮달 같은 얼굴로
돌아보련다

여윈 그리움에
석양을 업은 긴 그림자
내 봄날을 비추던 전혜린
서릿발 같은 음성으로
안녕, 안녕, 거듭 부르면
잔별 가득 머금은 눈으로
바라보련다

아무 것도 묻지 않고
아무 말도 하지 않고
그저 긴 밤을 잊은 얼굴로
카푸치노 한 잔 따끈하게
마련하련다

저도에서

남으로 뱃길 한 시간
키 높은 해송 바람을 재우고
해묵은 동백숲을 넘은 칡꽃 향기
갯내음을 지우는 무인도

방파제 끄트머리에 앉아
물결 소리 듣는데
섬 동박새 한 쌍
제 앞뜰 차지한 나그네를
우두커니 쳐다본다

품에서 꺼낸
장 그르니에*를 펼치다가
도로 덮는다

*프랑스 작가이자 철학자이며 카뮈의 스승인 장 그르니에의 에세이집 『섬』

가을 아침의 기도

볼 통통한
가을 민들레 한 송이
말갛게 웃는 아침
오늘의 축복을
두 손으로 받아 들며
옥빛 하늘 우러르오니
풀꽃 몇 송이
더 피어나게 하소서
넘노니는 금빛 햇살 아래
옹긋봉긋한 열매들
조금 더, 조금만 더
익게 하소서
이파리들 마지막 하나까지
고이 물들게 하소서

서귀포에서

퉁방울눈에 뭉투글락한 코
어질어 더욱 질박한 미소
위엄 서린 감투를 쓰고도
커다란 두 손을 가슴에 얹은 채
오늘도 복을 비는 돌하르방
한쪽 어깨를 으쓱 치키며
그깟 180만 년 세월쯤이야
놀멍쉬멍 가뿐히 지냈다 하고

풍상설우(風霜雪雨) 스며든 괴석들
작은 잎과 뿌리를 보듬고 떠받쳐
오망오망한 꽃과 잎 피우는
석부작(石府作)으로 거듭난 오늘
빠금빠금한 숨구멍마다
생명의 노래를 자아올리며
향기로운 별천지 누린다는데

용머리 해안 센바람 속에
치맛주름 헤아리던 검은 용
골 깊은 주름 사이로 더께눈*을 치뜨고
무작정 달려와 안아달라 조르는
파도를 끝끝내 외면한 채
호쾌히 바당*을 내달리던
시원(始原)의 그날만 그립다는데

올레길 돌담불* 따라
피고 지고 또 피는 돔박꽃*은
그 누구를 그리며
뜨겁디뜨겁게 타오르는가

*더께눈: '거적눈'의 제주방언
*바당: '바다'의 방언
*돌담불: '돌담'의 제주방언
*돔박꽃: '동백꽃'의 제주방언

봄날에 하하하

한의원 침상에 가만히 엎드려
등허리에 약침을 맞고 기다리니
정수리부터 발끝까지
기다란 침이 톡톡톡 꽂히는데
그래도 몸 관리 잘하셨다며
큰 병원 찾을 일 없을 거 같다는
동글동글한 음성에 마음 환해지고

이제는 칭찬 그만 들어도 되고
미움 좀 받아도 괜찮으니까
남은 힘 탈탈탈 털지 말고
그저 예닐곱만 쓰라는
말랑말랑한 처방에 싱그레 웃다가
괜히 콧등이 시큰해지고

약 몇 첩 받고 돌아서는데
손전화기가 바닥에 툭 떨어지고
괜찮으냐 묻는 다정(多情)에
쥔 닮았으면 말짱할 거라며
하하하 웃고 거리로 나서니
팡팡 파방팡 길가 나무들이
꽃 폭죽을 터뜨리고

저녁 산책

해 질 무렵 골목길
모퉁이 서넛 돌아드는
야트막한 비탈 작은 텃밭에
울타리처럼 버티고 선
옥수수 몇 그루

옥수수 툭툭 꺾어
가마솥에 쪄주시던
등 굽고 깡말랐던 고모할머니
땀에 젖은 베적삼에서 나던
풀 냄새, 흙냄새, 소여물냄새

도시의 빈터에
옥수수는 영그는데
애틋한 그리움은
풀잠자리 나래에 실려
노을 따라 흩어지는가

나직한 고백

가을비 따라 떨어진 황금빛 잎들이
긴 벤치에 다보록이 모여 누워
서로를 안아주네
서로의 심장에 손을 얹으며
연둣빛 봄은 눈부셨고
여름은 무척이나 뜨겁고 장엄했다고
나직이 속삭이네
아름으로 드리웠던 그늘을 거두고
낮은 곳에 내려 우러르며
나부끼고 흔들리며 한 해를 살고 비운
저 높은 가지 끝이
눈물 나도록 고운 자리였다고
달빛을 노래하며 꿈꾸던 밤들은
하얗게 잊혀도 괜찮다고
나직이 속삭이네
나직나직 고백하네

다시 안단테 칸타빌레

막 배달된 묵직한 종이 박스들
십여 년 달팽이 걸음으로 쓴
이야기 가득 든 상자를 열다가 멈칫,
손으로 내 등을 쓸어본다

통증도 없이 구릿빛 등이 갈라지며
쏟아지는 희고 푸른 매미들
마흔세 가지 사연을 품은 첫 수필집
하나둘, 모둠으로 떠나보내고
탈피해 비어버린 나를 가만히 안고 있다가
새 노트를 펴고 펜을 든다

'지금은 이대로 하십시오.
우리는 이렇게 해서
마땅히 모든 의로움을 이루어야 합니다.'*

겸허한 첫 말씀처럼
다시 알이 되고 애벌레 되어
달팽이 발자국 그리리라
처음엔 라르고, 아다지오
마땅히 안단테 칸타빌레로

*마태복음 3장 15절-예수 그리스도께서 하신 첫 말씀(요한에게 세례를 받을 때)

비문(飛蚊)선생*

정면을 보면 코앞을 막아서고
옆이나 뒤를 보려 하면
슬쩍 비켜서는 모기
먼 하늘 올려다보면
서너 걸음 물러났다가
눈을 내려뜨거나 감을라치면
저만치에서 뒷짐 지는
비문선생

함부로 내달리지 말라
고루 살펴 배려하고
더러 못 본 척 덮어주고
가끔은 하늘 우러르며
제 속이나 세세히 살펴보라고
대놓고 쓴소리 하는 불청객
눈에 자리 잡은
쬐끄만 티끌

여전히 여름날인 줄 알았건만
느닷없이 덮쳐온 한기에
등줄기 서늘해지고
마냥 귀찮고 성가시지만
그른 소리 하나 없으니
새겨 따르며
스승 삼아 친구 삼아
한 시절 동거하리라

*비문선생: 비문증에 부여한 호칭

그레이트 마징가

도심의 아담한 호텔
코지 룸 769, 새하얀 시트 위
핑크 아트 페어 전시회의 귀빈
그레이트 마징가 로봇 히어로*
파격적인 한복 차림이 낯선 듯 익숙한
수려한 맵시에 풍성하고 당당한 자태

아침놀빛 대례복에 구름 닮은 가채
청백 비단 겹치마에 장미 무늬 가슴 띠
금박은박 스란치마, 호사스런 대란치마
프릴 단 색동치마, 구슬 조로롱한 노리개
기품 있게 갖추니
차고 견고한 피부에 온기 차오르고
무지갯빛 실크 스카프, 진달래색 밍크 숄
들꽃 족두리에 화사한 레이스
온몸 휘감는 봄빛 감촉 못 이기고

냉엄한 눈가에 미소 피어나니
위용 서린 부메랑은 한갓 장식일 뿐

최강의 아토믹 펀치 초합금 손에
제비꽃 한 다발 건네 드리니
아름다운 영웅 그레이트 마징가여
꽃차 향기 앞에 두고 마주 앉아
접화군생, 대교약졸, 우분투를 노래하며
봄날 닮은 휴식 함께하고 싶어라

* 핑크아트페어 2018, 박연숙 화백의 작품 앞에서

마늘장아찌

마루에 신문지 깔고 날 저물도록
뻣뻣한 손마디를 달래고
때때로 허리 펴고 등 두드려가며
섬세하게 손질해 씻은
햇마늘 두 접
한 톨 한 톨 뽀얀 얼굴마다
명주 빛 고운

깨끗이 부셔둔 항아리에
야무지고 짱짱한 것 가려 담아
현미식초 올리고당 적당히 넣고
뚜껑을 닫으며 귓속말 한다
알알이 어우러져 조화로이 익어
상큼한 향기 머금을 날
기다린다고

# 5.
초록빛 테라스에 앉아

성경을 쓰며

곧은 자세로
기도를 바치며 써도
자꾸 비뚤배뚤해진다
한 구절 쓰면 확인하고
두어 줄 쓰고는
오자, 탈자, 띄어쓰기
건너뛰지 않았나 다시 살핀다

믿음의 역사를 관통하는
영원한 진리와 빛나는 교훈
가없는 사랑과 자비
생명의 말씀을 필사하며
집중하고 몰입한다

손가락 부르터 굳은살 박이고
어찌 따를까 두렵기도 하지만

지혜는 손끝을 거쳐
가슴 적시며 흐르고
은총은 뼈와 살로 스미니
오늘도 기꺼이
구름 위를 걷는다

몸살

짙은 그림자 그늘에 잘도 숨었더니
더는 그러고 싶지 않다며
품속을 파고들어 마구 휘젓는
데일 듯 뜨거운 이 적막을
견뎌낼 수 있을까

살아가는 일은 지금
내 중심의 막다른 골목을
펄펄 끓게 하는 것이
진주의 핵인지 유리 파편인지
또는 한 점 모래알인지 알 수 없어도
덥석 끌어안는 지독한 사랑으로
쏟아지는 눈물을 말리는 것일까

시를 쓴다는 것은
그 끝 모를 사랑의 부산물에

진주 가루를 덧씌워 빚고 엮는
고통스러워도 순직하여
아름답고 정밀한 노동으로
끝내 앓아눕고야 마는
몸살일까

빅토리아 베이에서

해무 번지는 빅토리아 베이
밤 깊도록 나른한 물무늬는
스타의 거리로 밀려오는데
심포니 오브 라이트
번뜩이며 허공을 찌르는 불빛은
홍콩의 밤을 흔든다

이윽고 내리는 안개비
가늠치 못할 좌절로 부서질 듯 위태로운
희망을 부둥켜안은 섬들과
견고한 자존심을 자꾸 치켜드는
구룡(九龍)의 어깨를 보듬느라
안간힘을 쓰지만
젖어 풀어진 불빛 사이로
밤 가고 새벽 오는데

자책과 연민으로 지새고도
차마 외치지 못한 절규를 덮으며
가슴 졸이던 비는
끝내 흐느껴 울고 마는가

겨울의 길목에서

변덕스런 찬비로 멀어지는
숲과 들
그 마지막 쓸쓸함까지 거두어지면
아무도 모르게 한 사랑처럼
가지마다 휘도록
새하얀 눈꽃이 피는 밤
이 또한 까마득히 잊겠노라며
눈밭에 스며 잠드는
우아한 소멸을 꿈꾸는
길 잃은 마른 잎들
바람의 허리춤에 매달린 채
젖어 질퍽한 길 위를 함부로
몰려다닌다

초록빛 테라스에 앉아

성북동 그 카페
초록으로 반짝이는 햇살 정답고
골짜기의 바람이 싱그러운 테라스 파라솔 그늘
아메리카노, 레몬그라스에 팡도르를 나누며
어린 처녀들처럼 조잘거리지만
가슴 구석에 고이는 아스라한 슬픔
같이 꽃 보던 사람도 비둘기도 가고 없는데
저 숲은 왜 그대로인지 자꾸 쓸쓸해지는 마음
한바탕 수다로 풀어내자
성북동 하늘에 웃음꽃 피워 올리자

사는 게 뭔지 인생이 뭔지 물으나마나 한 질문에
굳이 대답할 필요도 이유도 없는 우리
따질 것 견줄 것 없이 지금 발 딛어 머무는 곳이
햇빛 찬란한 산봉우리든 그늘진 산자락이든
산마루 어느 모롱이나 호젓한 오솔길이든

까마득한 낭떠러지 위, 깊은 골짜기
낮은 개울가, 푸른 들녘 어디라도
가리지 않으리

때론 외진 골목에 갇히고
길섶 클로버 밭을 헤매다가
빨랫줄에 걸린 손수건처럼 흔들리거나
깃대 위에서 홀로 나부끼는 깃발 같은 날을 지나
진득한 외로움 잠시 벗어두고
오늘은 다만 수다에 열중하자
서로의 등을 툭툭 치며
그래, 네 말이 옳다, 다 옳다 하며 깔깔거리자
그러다 문득 흘러넘치는 눈물도 촐촐히 나누고…
곰삭혀 상에 올린 밑반찬처럼 맛깔스런 정이
끝없이 돋아나는 성북동 거기, 뉴 트렌드 카페
시끌시끌 혼잡해도 생기 넘치는구나

번지는 차 향기에 어우러지는 한바탕 수다
이 작은 여유조차 허락되지 않으면 무슨 낙으로 살까
우렁우렁 까르르 성북동 하늘에 웃음꽃을 날리자
오늘을 놓치지 말고 놀고 쉬고 이야기하자
비타민, 묵은지, 삶의 활력소 내 친구들아

우리는 지금 초록빛 쏟아지는 테라스에 앉아 있다

매미에게

어제도 찾아오더니
오늘은 보다 말쑥해진 모습으로
이른 아침부터 베란다 망창에 매달린 채
한나절 미동도 없는 매미

엊그제 비바람에 마구 휩쓸리는
단풍나무 아래
빗물 흥건한 보도블록 위에서
남루한 가운 걸치고
퉁퉁 부어오른 몸을 애써 가누며
뒤집어질 듯 꿈틀거리는
작은 생명에게 우산을 내밀며
어쩌다 폭우를 뚫고 가야 하는지
궁금하고 안쓰러웠는데

매미야, 매미야

어서 기운을 차리렴
네가 목청 돋우어 청춘을 구가할 때
나 또한 찬연한 여름을 기뻐하리니

J에게

가을비 내리는 혜화동
예스런 석조건물 안채에서 우리
순한 나물밥을 청국장에 비벼 먹고
곰삭은 사연 켜켜이 묻힌 궁궐 담장 길을
맑은 웃음 뿌리며 걸었지

함빡 깊어진 가을빛에
마음과 마음이 젖던 카페 브람스
늙어 삐걱거리는 테이블에 둘러앉아
서로 어깨를 토닥였는데
그날의 회비를 진즉에 내고도
거푸거푸 걷자고 조르던 너는
문득 망연한 눈빛이 되었고

닫아 잠근 문 너머에서
맥없이 사라지는 기억을 붙잡지 못하여

벤저민 버튼의 시간표 위를
타박타박 걸어가며 너는
가뭇없이 나를 잊고 말았다 해도

나 오늘 가을비 맞으며
낙엽 빛 그 오후가 사무치게 그리워
오래도록 흐느꼈지만
여전히 맑은 눈동자 순연한 미소
내 안의 너와 손잡고 기도하련다
바람 속 고엽으로 흩어질 때까지
겨울나비로 긴긴 잠에 빠질 때까지

시화전의 깃발

산국향 흩날리는 산자락
해 그림자는 계곡물 따라 미끄러지는데
축제의 깃발로 선 시 걸개들
심연을 휘돌아 온 자모음의 춤사위를
사푼사푼 나비 되어 따라갑니다

생애의 고백처럼 깊어 무겁거나
찰나의 희열이듯 가벼워 덧없을지라도
저마다의 질량과 무게를 지닌
영혼을 거르고 채친 어휘들의 하모니
크낙한 파도가 심중에 일렁입니다

벼룩시장에 내리는 꽃비를 맞다가
오일장터의 뻥이요 소리에 귀를 막으면
문득 들려오는 아버지의 기침 소리…
껴안을 수 없어 더욱 서러운 강가에서
무성한 빗줄기만 헤아리고

이슬 품은 연꽃 곁에 무연히 섰다가
바다로 가는 갈대숲에 기대면
촉초근히 속살대는 살아 있는 것들
은빛 금빛 잿빛으로 쏟아지는 우주의 신호에
갈대의 꿈도 아스라이 깊어가는데

감성의 카니발, 언어의 유희를 배워
터분한 것 무직한 것 전부 털어내고
너울거리는 상념 추슬러
담채의 깃발 하나 세워봅니다
산국향 깊어가는 산자락에

세모(歲暮)의 일기

두어 달 새벽잠을 설쳐서인가
난데없는 혈압상승과 부정맥
그걸 핑계로 며칠 쉬자 했는데
예고도 없이 배달된
모진 감기 1인분과 발가락 골절
덩달아 비명을 지르는 나의 육신
날카로운 무릎 통증에
기분 나쁜 족저근막염까지

병원 문턱깨나 닳게 했지만
그걸로는 어림없다는 듯
독감 2인분 추가에
덤으로 받아 든 펄펄 끓는 몸살
아얏 소리 낼 새 없이
치르고 털어내다 보니
해 짧은 섣달이 꼬리를 감아쥐네

하지만 수고했고 잘했어
A마이너스 줄게
감당하게 해주신 분께 감사하자
부디 새해 새날엔
떡국 한 그릇 달게 비우고
아프지 말자
아프지 말자구

2월의 편지
- 코로나19 치하에서

코끝이 간지럽거나 목이 좀 깔끄럽거나
어쩌다 사레든 기침에도
화들짝 놀라 스스로를 가두고
거리 두기는 배려라고 에두르며
보이지 않아 더 두려운 돌림병의 위세에 짓눌려
꼬깃꼬깃 구겨진 채 우울을 앓다가

달팽이집을 그리며 늘어선 행렬을
조바심치며 따라가 겨우
마스크 두 장 받아 들고 돌아서는데
2월의 저녁거리에
펄 펄 펄
함박눈이 내린다

눈을 맞으며 헤매던 걸음이
사람 없는 카페 앞에서 멈추는데

창가 따스한 불빛 아래
꼬깃꼬깃 구겨진 연서를
가만가만 펼쳐드는
진 달 래 꽃

꽃씨를 깨우다

바람은 아직 까칠한 얼굴로
골목길을 휘젓지만
한결 온유해진 볕 아래
잔가지 끝으로 달음질치는
연둣빛 물소리

냉이 허리를 펴고
민들레 치맛자락 들어올리며
흙 검불 터는 기척에
제비꽃도 흠칫 눈을 뜨는데
어느새 터질 듯 부푼
봄까치꽃

서랍 속 잠자는 꽃씨를 깨워
눈 맞추고 쓰다듬으면
손끝마다 돋아 벙그는

봄, 어리고 여린 봄
귀로 가슴으로 파고드는
투명한 웃음소리

참혹한 계절, 그리고 아이들

푸른 하늘, 수려한 강물
밀밭 너머 해바라기꽃 지평선 따라 피는
우크라이나, 평화를 꿈꾸는 옥토에
광기 어린 포화가 쏟아지는데

친척의 전화번호를 손목에 쓴 채 홀로
1200킬로미터를 이동하여 국경에 도착해
싱긋 웃는 열한 살 하산과
한 손에 곰 인형이 든 비닐 백을
다른 손에 초콜릿을 들고 엉엉 울며
걷다 멈추었다 눈물을 닦으며
다시 걷는 대여섯 살짜리 아이

무차별 폭격에 집과 병원까지 무너져
미래를, 꿈을, 끝내 생명을 앗긴
아기 천사들 대신

르비우 료노크 광장에 놓인
109개 텅 빈 유모차들
소리 없는 절규로 참상을 폭로하는데
춥고 어두운 대피소에서
일곱 살 아멜리아가 부르는 '렛 잇 고'
여려도 밝고 힘찬 노래

밀밭엔 초록 바람 일렁이고
해바라기 끝없이 피어나고
광장엔 아이들 웃음소리
멀리 더 멀리 울려 퍼지는
그날을 바라봅니다

두 손을 모으고

튀르키예 남부에서 시리아 국경까지
수백 킬로미터에 이르는 지각이 찢어진
참혹한 대지진
한달음에 달려간 이들이
밤낮없이 폐허를 살피며
생존신호를 찾는데

뉴스가 시작되면
고사리손을 가슴에 모으고
저만치 벽 모서리에 살짝 숨는
다섯 살배기
화면을 보지 못하겠다며
고개만 내밀고 떨리는 목소리로
-튀르키예 소식 있나요?

잔해더미 사이로 나온
딸의 손을 차마 놓지 못하는
아버지의 눈물과
동생을 구해주면 무엇이든 하겠다는
어린 누이의 눈빛도 그러하려니와
다만 생환을 바라는
모든 간절함에 기대어

부디 희망을 잃지 않기를
부디 긍휼과 위로가 넘쳐나기를

다시 일상으로
- 우크라이나 전쟁 1주년에 부쳐

바르샤바에서 기차로 네 시간, 국경도시 헤움
다시 열두 시간을 달려 수도 키이우
황망히 떠나야 했던 집으로 돌아온
우크라이나 사람들
추모의 벽엔 산화한 용사의 이름 빼곡하고
광장에는 사랑하는 이를 기리는 국기가 나부끼는데
이른 아침 어깨를 펴며 출근하는 그들
담담한 얼굴마다 단단한 의지가
미소로 피어난다

이르핀, 황급히 폭파했던 통곡의 다리 곁에
무너지지 않을 교량을 다시 세우니
참혹한 학살을 겪은 부차에서도
식량을 몽땅 약탈당한 보료단카에서도
돌아온 이들과 남은 이들 손잡으니
부서진 터전마다 희망 돋는다

카페도 식당도 다시 문을 열고
화덕에 불을 지핀다

시간의 궤적을 되돌릴 순 없지만
요란한 공습 사이렌이 멎으면
축구장의 눈을 치우고 공을 차며
꿈을 가꾸는 아이들
뱅크시가 폐허의 벽에 그려놓은
꼬마가 거인을 둘러메치는 그래피티 앞을
묵묵히 오가는 사람들
드니로프 강을 따라 모여 사는
얼굴마다 쓰여 있다

평화란 아무렇지도 않은 오늘을 사는 것
그저 아이들이 학교에 가고
직장인은 일터에 가고
저녁 식탁에 웃음꽃이 피는 거라고

축제는 끝나고

꽃은 지고
별들이 짐을 싼다
가볍게 더 가볍게 몸피를 줄이는
벨루스
날렵한 적자색 로켓들을
비스듬히 세운다

다시 오마고 속삭이지만
오늘이나 내일 밤
아마도 달빛이 이울 때쯤 시작될
정해진 귀향
카운트다운,

축제는 끝나고
높푸르러 더욱 야속스러운
하늘 우러르노라니
내 몸도 조금씩 조금씩
가벼워진다

김미자 시집 평설

7남매 맏이의 시문학 향연
- 김미자 시인의 첫 시집을 읽고

이명재
(중앙대 명예교수, 평론가)

 이 자리에서 문득, 의사 신분으로 시와 소설을 써온 한스 카롯사가 설파했다고 알려진 '인생은 만남'이란 말이 떠오른다. 동양에서도 '글로써 벗을 맺는다'는 논어 경우와도 상통한다. 더욱이 이렇게 생면부지였던 사람들의 문학을 통한 만남은 더욱 소중한 인연이 아닐 수 없다.
 이번에 김미자 시인의 첫 시집 평설에 임하게 된 동기는 처음인 노유섭 사백의 청을 받아서였다. 나로서는 마침, 이번 가을에 출간할 작품집과 평론집 일정에 걸려있지만 대수롭지 않게 여기고 응한 것이다. 그래도 정작 처음 만나 원고를 넘겨받은 그날 밤 눈여겨 읽고 나서는 뜻밖에 괄목상대할 시인의 성과에 탄성을 발했다. 그러기에 나는 실로 백여 년 만의 신기록이라는 열대야 속에서 파리올림픽 기간 내내 무뎌진 손으로 컴퓨터 자판을 두드리며 시 평설에 임하는 기쁨도 느꼈다.

강원도 삼척 태생인 김미자(金美子) 시인, 생소하면서도 흔해서 순박하기 그지없는 이름이다. 삼척이 고향인 시인으로는 내가 오래전부터 이성교 시인에 이어 권은영 시인 등과 친분이 깊지만 또 한 분의 동지를 만나는 마음이 앞선다. 나 역시 시골 태생으로서 시골 출신인 지기를 만난다는 친근감이 든다.

그러기에 나는 여기에서 평론가로서 보다는 김 시인보다 먼저 문학을 벗 삼아온 한 독자로서 애써 빚어낸 시 작품들을 정독하며 느끼고 생각한 바를 여러분과 함께 이야기해 보려 한다. 사실 이번 시집은 늦깎이 시인으로 펴내는 첫 시집이기에 조심스러운 면도 적지 않다. 과연 뒤늦은 대로 오랫동안 공력을 들여서 빚어온 시 작품세계를 그릇 판단하지는 않을까. 미지의 시 세계를 올바르게 안내하는 길잡이 노릇을 하려 새삼스럽게 마음을 다잡곤 한다. 이번 평설에서도 나는 시대 환경과 전기적 사실을 중시하는 근대비평적 방법과 현대비평적 접근법인 텍스트의 언어분석을 함께 입체적으로 다루려 한다.

김미자는 성춘복 시인과 우희정 주간이 발행하는 종합문예지 『문학시대』로 2019년에 등단한 5년차인 신진 시인이다. 이번에 처음 펴내는 그의 첫 시집 『그 겨울밤, 청량리행 기차를 타고』

에 수록된 75편에 드러난 문학적 특성은 다음과 같은 네댓 가지로 간추려 볼 수 있다.

그의 시작품은 우선 싱그럽고 건강한 내용이라서 좋다. 모친의 경우, 비록 병원 중환자실에 입원해서 죽음을 앞둔 상황일지라도 밝은 기운이 감도는 분위기를 자아낸다. 그것은 처음 본 인상에서처럼 삼척에서 상경하면서도 동행한 부친께서 걱정할세라 내색을 않고 혼자 이겨내는 성품이다.

김미자 시인의 첫인상은 훨씬 큰 체격에 어쩌면 강원도 해안지역의 가파른 해풍을 견뎌온 숲속의 산양인 듯 건강한 이미지이다. 그의 시에서도 여느 경우처럼 심각한 의미 없이 어둡고 난해한 구석이 적다. 물론 섬세하고 밀도감 있는 질량과 다채로운 시적 변용 면에서 그렇게 짐작된다. 그런 만큼 앞으로 그의 구체적인 작품의 결과 깊이와 높이 등은 여러 면에서 다양하고 짙은 내용 등에서 기대를 걸 수 있다.

본디 문학에 대단한 자질이 엿보이는데 왜 간호학과를 선택했느냐는 질의에 그는 귀띔했다. 칠 남매에 이르는 삼척 김씨 집안 식구의 맏이로서 그 적성이나 전공을 가릴 여지없이 어른들 뜻에 따랐다는 것이다. 우선 취업을 위해 간호대를 선택하다 보니 수석입학으로 장학금 혜택도 받은 모양이다. 그는 직업 일선에서 물러나고서야 중고생 때 좋아하던 문학 강좌에 드나들다가 뒤늦은 문단의 길에 올랐다. 이번을 계기로 만난 김 시인은 마침 내가 아는 유럽한인문단의 홍진순 수필가와 유사한 면이 많다. 경북 태생인 홍 시인도 남매들이 많아 간호대학을 마치고 비엔나 등지에서 간호사로 일하다가 같은 연배로 은퇴한 후 한글 수필로 등단하고 시와 소설도 활발하게 발표하여 유럽 한인디아스포라 문단의 현역인 까닭이다.

1. 긍정적이고 신선한 활력

김미자의 시문학은 우선 여느 시 작품과 달리 신선하고 밝은 생기가 독자들과 호흡을 함께한다. 흔히 이질적인 서구 시의 세례를 받은 시편들에서 보는 난해성과 사념의 굴레를 벗어나 생동감이 넘친다. 지리멸렬한 관념과 미몽의 침실에서 벗어나 있다. 노년 시의 폐풍인 신세타령, 자기과시, 한풀이에다 사회적 일부에 공격 습성을 벗어나 신진대사 효과를 거두는데 특효 처방이 된다. 눅눅한 어둠과 시름겨운 그늘을 지우고 사막의 오아시스나 생수처럼 활용해도 좋은 시편들이다.

청춘의 애정 코스를 탐사하는 「낭만싸롱에 가자」나 바쁜 일과에 짬을 내서 「초록빛 테라스에 앉아」 삶을 이야기하고, 우정을 노래한 「J에게」 등은 일상에서 느끼는 연정과 우정이 손에 잡히는 젊음의 숨결들이다. 자칫 권위주의적인 품격에 갇히거나 활성

화를 저어하다가는 조로하기 십상이다. 이제 낡은 점잖음의 습성에서 벗어나는 데는 이렇게 발랄한 시를 좋은 양념으로 활용하면 싶다. 시인 자신으로서는 벌써 반세기 전쯤에 경험하고 누렸던 그 낭만적인 호흡을 재소환하여 저린 일상을 환기하는 기회이기도 하다. 어쩌다 주말에 도시 주변의 커피집이나 식당에서 조촐한 모임을 갖는 일이다. 이번 시집에 발표된 네댓 작품쯤은 일상에 지친 우리에게 잠시나마 일탈의 청량제로서 힐링 효과도 지닌 것으로 빛나 보인다.

레나, 비가 내린다
우리 전철을 타고 그 역 샤로수길로 가는
2번 출구에서 만나자
파란 비닐우산을 쓰고 나란히
얕은 비탈을 오르다 별다방을 끼고 돌아서
익숙해도 낯선 골목을 어슬렁거리다
거기 기호가 인경이 꼬신 낭만싸롱에 가자

레나, 다정한 불빛 아래 앉아
네 커다란 눈동자를 이윽히 바라다보다
피치크러시와 모히또 잔을 들어
건배하자 아득히 먼 곳으로 가버린
풋내 나는 날들과 우리가 잊고 만 이름들을 위하여
오징어 튀김과 새빨간 떡볶이를 입에 가득 문 채
눈물을 찔끔거리며 어느 구석엔가 숨어 어른거릴

옛날을 찾아 숨바꼭질을 해도 아무도 모를 거야
레나, 슬프고 외롭고 달콤한 음악이 흐를 때
인경이 꼬시느라 애타는 기호들과
새침하게시리 눈을 내리깐 인경이들 사이에
섬처럼 갇혀 잔을 부딪고 나직이 노래를 부르면
그 얼굴, 이름, 푸른 별 같은 기억들이 떠오를지도 몰라

레나, 비가 그치고 그물거리는 하늘에
저녁 불빛 애드벌룬으로 가득 뜨는 샤로수길
네 맑은 눈망울에 달과 별이 다 흘러가도록
청춘의 그림자 돌아오지 않더라도
레나, 다시 비가 내리면 우리 파란 비닐우산을 쓰고
애플민트 향기 무성하게 흐르는 그 골목
기호가 인경이를 꼬신 전설을 간직한
이제는 사라져버린 낭만싸롱에 가자
스프리처와 블루사파이어 잔을 부딪자
- 「낭만싸롱에 가자」 전문

마침 비도 내리는 날이니 젊은 시절에 또래 친구인 기호가 인경이를 꼬시던 그 쌀롱에 가서 사랑을 속삭이자는 감흥을 실명으로 들며 호기심을 불러일으킨다. 그리고 성북동의 분위기 좋은 카페에 앉아 친구들과 한바탕 수다로 활력소를 찾자고 막힘없이 노래한다.

성북동 그 카페
초록으로 반짝이는 햇살 정답고
골짜기의 바람이 싱그러운 테라스 파라솔 그늘

아메리카노, 레몬그라스에 팡도르를 나누며
어린 처녀들처럼 조잘거리지만
가슴 구석에 고이는 아스라한 슬픔
같이 꽃 보던 사람도 비둘기도 가고 없는데
저 숲은 왜 그대로인지 쓸쓸해지는 마음
한바탕 수다로 풀어내자
성북동 하늘에 웃음꽃 피워 올리자

  - 8행 중략

때론 외진 골목에 갇히고
길섶 클로버 밭을 헤매다가
빨랫줄에 걸린 손수건처럼 흔들리거나
깃대 위에서 홀로 나부끼는 깃발 같은 날을 지나
진득한 외로움 잠시 벗어두고
오늘은 다만 수다에 열중하자
서로의 등을 툭툭 치며
그래, 네 말이 옳다, 다 옳다 하며 깔깔거리자
그러다 문득 흘러넘치는 눈물도 촐촐히 나누고…
곰삭혀 상에 올린 밑반찬처럼 맛깔스런 정이
끝없이 돋아나는 성북동 거기, 뉴 트렌드 카페
시끌시끌 혼잡해도 생기 넘치는구나

번지는 차 향기에 어우러지는 한바탕 수다
이 작은 여유조차 허락되지 않으면 무슨 낙으로 살까
우렁우렁 까르르 성북동 하늘에 웃음꽃을 날리자
오늘을 놓치지 말고 놀고 쉬고 이야기하자
비타민, 묵은지, 삶의 활력소 내 친구들아

우리는 지금 초록빛 쏟아지는 테라스에 앉아 있다
- 「초록빛 테라스에 앉아」 전문

그런가 하면, 「J에게」에서는 낙엽빛 짙어가는 가을비 맞으며 혜화동을 거닐다가 브람스카페 등에서 차를 마시던 친구와의 사연을 곁들여 시흥을 부추기는 멜랑코리도 감미롭다.

가을비 내리는 혜화동/ 예스런 석조건물 안채에서 우리/ 순한 나물밥을 청국장에 비벼 먹고/ 곰삭은 사연 켜켜이 묻힌 궁궐 담장 길을/ 맑은 웃음 뿌리며 걸었지// 함빡 깊어진 가을빛에/ 마음과 마음이 젖던 카페 브람스/ 늙어 삐걱거리는 테이블에 둘러앉아/ 서로 어깨를 토닥였는데/ 그날의 회비를 진즉에 내고도/ 거푸거푸 걷자고 조르던 너는/ 문득 망연한 눈빛이 되었고// 닫아 잠근 문 너머에서/ 맥없이 사라지는 기억을 붙잡지 못하여/ 벤저민 버튼의 시간표 위를/ 타박타박 걸어가는 너는/ 가뭇없이 나를 잊고 말았다 해도// 나 오늘 가을비 맞으며/ 낙엽 빛 그 오후가 사무치게 그리워/ 오래도록 흐느꼈지만/ 여전히 맑은 눈동자 순연한 미소/ 내 안의 너와 손잡고 기도하련다/ 바람 속 고엽으로 흩어질 때까지/ 겨울나비로 긴긴 잠에 빠질 때까지
- 「J에게」 전문

위의 시편들 뿐 아니라 벌써 별이 된 절친을 그리워하는 「다시 벚꽃길에서」와 모처럼의 휴식 기간에 혼자서 여유롭게 다채

로운 식단을 차려 아침 겸 점심을 즐기는 「청명한 브런치」 등은 할애한다.

2. 가족 사랑과 향수

김미자 시문학의 다음 특성은 무엇보다 원초적인 가족 사랑과 고향에 대한 짙은 향수이다. 이미 김 시인과 함께 시문학 세계를 탐색하며 지도를 맡아온 노유섭 시인도 김미자 시문학의 주축을 이룬 것은 가족에 대한 사랑이라고 파악한 견해와 일치한다. 삼척 김씨 집안에서 2남 5녀 중에 장녀로 태어난 김 시인의 시 세계에서 이처럼 두드러진 혈연적 가족사랑은 시 테마의 기틀이다. 처음 얻은 칠삭둥이 조산인 맏딸을 가장 좋은 섭생으로 아낌없이 보양하여 누구보다 건강하고 어엿하게 길러낸 최옥인(崔玉仁) 엄마를 향한 내용들이 감동을 준다.

> 더러 밥을 태우고 약도 건너뛰고/ 이냥 우울하고 저냥 입맛도 없다지만/ 먼지 한 톨 안 구르게 집을 가꾸고/ 충치 없고 무릎 튼튼하고 허리도 꼿꼿한/ 이제 겨우 아흔이신 우리 엄마 옥인 씨/ 마냥 연연(戀戀)한 나의 첫사랑
> – 「오직 엄마의 이름으로」에서

그의 작품 중에는 친정어머니와 시어머니께서 노환으로 병원 중환자실에 있는 안타까운 내용들도 있다. 끔찍이 사랑하고 아끼던 엄마와 딸 사이 이상의 자모사(慈母詞)들이다. 간호하다가 늦은 밤에 혼자 돌아가는 딸, 또는 며느리의 심경이 안타깝다. 「간절한 부탁」, 「그러니까 엄마」, 「다시 5월 속으로」 등도 두 분을 기리는 내용이다.

　응급실 닫힌 문 너머에 갇히신/ 백수(白壽)의 어머니/ 진료 때마다 나에게 기대/ 불안을 다독이던 모습 아른거려/ 종일 서성이며 가슴 졸였지만/ 끝내 중환자실로 옮겨지시고/ 홀로 돌아오는 해거름/ 늘 함께 지나던 그 길이 낯설어/ 두리번거리고 자꾸 뒤를 돌아봅니다
　　　　　　　　　　　－「홀로 돌아오는 길」에서

그런가 하면, 이전 사회의 경우처럼 대가족을 이룬 정경은 오히려 자라는 자손들의 문병하는 모습이 밝은 분위기로 연출된다. 중환자실에 입원해 있는 할머니를 문병하는 혈족들은 모두 명랑한 마음으로 백세 장수를 기원한다.

　면회시간이 가까워지면 약속 없이도
　중환자실 앞에 속속 모여드는
　엄마의 칠남매와 그 배필
　손자들, 손부와 손녀부, 어린 증손들

서른둘 중 대여섯씩 날마다 달려와
30분을 잘게 쪼개 쓴다

사랑해요, 고마워요, 힘내세요
노래하고 춤추며 재롱부리고
손잡고 안고 쓰다듬고 주무르며
떼쓰고 졸라댄다
키워주고 맛난 거 많이 해주신 것
다 갚으려면 까마득하니
무조건 이겨내라고
반드시 털고 일어나야 한다고
　　　　　　　　　　 -「대가족 사용설명서」에서

　이런 가족에 대한 시인의 효심은 부친인 김원발(金源發)님에게도 함께한다. 20년 전에 작고하신 부친도 생전에 자녀들을 자상하고 적극적으로 도우셨다. 시「재회」에서는 "언제나 비빌 언덕이요 지붕이자 맘껏 기댈 벽인 아버지"라고 서두를 연다. 그리고「연필을 깎다가」에서는 저녁 뉴스가 끝날 무렵이면 시인은 글씨 쓰다가 닳아진 문화연필이나 톰보우 4B연필, 몽당연필 등을 깎아주시던 아버지가 울컥울컥 그리워진다고 회상한다. 또한「눈 쌓이는 밤」에서는 첫 연부터 "눈이 쌓이는 밤이면/ 잠을 잊으신 아버지/ 몇 번이고 눈을 쓸러 나가시던/ 우람한 어깨에 내려앉는/ 서늘한 고요를 흔들던 /싸리비 소리/를 듣는다.

위와 같은 시인의 가족 사랑과 더불어 자신의 출생과 성장의 본거지인 고향에 관한 향수는 인류 공통의 지연적인 요소로서 짝을 이룬다. 문화지리학자 이 푸 투안의 『공간과 장소』에 따르면 오붓한 보금자리로 정이 든 고향은 회귀 욕망을 드러내는 포토필리아(라틴어의 장소+사랑)이다. 그러나 사람들은 성인이 된 후에 먹고사는 일터를 찾아서 가난과 공포감을 자아내는 타향인 포토포비아(장소+혐오)에서 유목민처럼 떠돌아다니며 향수에 젖은 삶을 산다.

여기에서 주인공인 시인 경우는 가족관계나 서로 아끼는 점 등에서 한국의 바리데기 전승설화와 대비되어 흥미롭다. 설화에서는 7공주 중 막내로 태어난 탓에 바리가 부모로부터 버림받지만 그 출생 순서부터 5녀 2남 중 장녀로 태어난 시인의 처지는 다르다. 맏이의 효심과 동생들을 사랑하는 마음은 작품 곳곳에 스민 채 모범이 되고 남는다. 더욱이 부모 또한 조산한 장녀를 올인해서 키우고 교육시킨 성의는 바리데기 설화를 뛰어넘는 실제 미담의 본보기이다. 김 시인은 바리데기 설화나 서양의 신데렐라를 앞선 실존인물로 자리 잡고 있다

그런 감화를 받은 시인의 시집에는 여러모로 메모해 두고 음미하면서 지낼 내용들이 가득하다. 실로 먼 태풍을 이겨낸 방풍림 속에 가려진 동해안의 보물에서는 앞으로 기대 이상의 성과도 기대할 수 있겠다.

특히 시집의 표제시인 「그 겨울밤, 청량리행 기차를 타고」는 근래 우리 시단에서보기 드문 문제작으로 떠오른다. 열차처럼 긴 여섯 개의 연에다 분량만도 모두 50행으로 이루어져 중후하게 읽히는 역작이다. 한반도의 동남부 해안에 자리한 삼척에서 밤 열차에 올라 서울로 무박2일로 처음 상경하는 과정이나 입시에 응하는 여학생의 심경이 차근차근히 선연하게 드러난다. 원작품(텍스트)은 시집에 실려 있으므로 각 연(스탄자) 차례로 분석, 감상해 본다. 종결어미 "~ 읍니다"의 여운도 효과적이다.

첫 연- 서울행 고속버스 노선이 생기기 전인 1973년 1월이다. 고교 졸업식 다음 날 대학입시 일정에 맞춰 시적 화가가 몹시 추운 오후에 아버지를 따라나선다. 삼척의 성북리 담뱃가게 앞에서 완행버스를 타고 오십천 강변을 굽이굽이 거슬러 갈 때부터 멀미에 시달린다. 어두워지는 도경리역 플랫폼에 쪼그리고 앉은 채 철길 아래 외갓집 쪽만 멍하니 바라보다가 청량리행 통일호에 오른다.

둘째 연- 밤 기차가 노선의 정든 고향역 이름을 차례대로 익히며 아빠 몰래 멀미를 이겨낸다. 미로, 상정, 신기, 마차리 지나 하고사리부터 가팔라지는 길. 도계를 지나 통리재로 치닫던 기차가 나한정과 흥전 사이 스위치백 구간을 뒷걸음질할 때부터는 아버지 걱정하실까, 이마를 창에 대고 잠든 척.

셋째 연- 기차가 어둠을 가르며 춘양, 봉화를 거쳐 영주를 지날 때 고통을 줄이기 겸 지방 특산물인 사과 향기 떠올리고 풍기에선 인삼의 약성을 마음으로 들이켜 봐도 멀미 때문에 아버지가 사준 삶은 계란, 오란씨는 쳐다보기조차 힘들고.

넷째 연- 충북 제천에서 기관차를 바꾸는 사이에는 달려가 가락국수를 먹고 온 이들이 풍겨대는 진한 왜간장 냄새를 견디다 못해 화장실로 달려가고. 경상도 충청도를 두루 거쳐 신림, 원주, 벌써 그리운 강원도를 다시 들러 경기도 양평, 덕소를 지날 때 어둠 속에 반짝이던 강과 넉넉한 물 내음이 마음을 어루만져 줌.

다섯 째 연-마침내 청량리역에 멈춰선 첫 새벽, 대왕코너 옆 지하다방 벨벳 소파에 축 늘어져 버린 깡마른 아이에게 파마머리 푸시시한 마담이 권해준 대추, 잣 듬뿍에 계란 노른자 동동 뜬 쌍화탕 맛은 지금도 또렷함.

여섯 째 연- 그 역 앞 너른 찻집, 아침을 기다리는 이들로 가득하던 그곳의 알 수 없는 설렘은 긴 밤을 꼬박 지샌 몸과 마음을 가만가만 안아주었음.

이렇게 반세기 전에 아늑한 고향을 떠나 낯선 서울로 입성한 시인은 이제 서울 강남의 서초구 주민으로 정착해 살지만 마음은 서울보다 고향에 두고 지내기 마련이다.

위의 「그 겨울밤, 청량리행 기차를 타고」가 사회적인 변동을 다룬 작품이라면 다음의 「동해바다」는 본디의 자연적인 대상으로서 생래적으로 짙은 향수의 실체이다. 모두 세 개인 연 그대로를 긴축해서 감상해 본다.

그리워라/패랭이꽃 가슴에 꽂고/ 수평선 아득한 언덕에 오르면/ 덥석 감싸 안는 물빛 바람/ 도란거리는 물새 소리/ 솔밭 사이를 거니노라면/ 제멋에 겨워 불러주는/ 파도의 돌림노래

뜨거운 모래톱을 맨발로 달려/ 젖은 몸 말리던 갯바위에 앉아/ 너에게 두 손 담그면/동그랗게 간지럽히다/ 두 발마저 담그면/ 마디마다 헤아려 보듬어주는/ 엄마 손길 그리워라

<u>가없이 짙푸른 고향바다</u>/기뻐 뛰놀거나 애달파 무너지거나/풍랑에 흔들릴 때면 더더욱/달려가 안기고 싶은/ <u>그토록 옹숲깊은 동해</u>/ 못내 그리운 나의 바다여
- 「동해바다」 전문

이어서 시인 가족이 태어나서 자란 보금자리였던 「남향집」을 살펴본다. 강원도 삼척군 삼척읍 당저리 157번지. 우람했던 곶감나무, 홍시나무 두 그루 대신에 낯선 빌딩이 우뚝 서 있는 그 공간은 이제 추억으로 저장되어 있을 뿐이다.

떠나온 세월 아득해도/ 때때로 찾아가 한참씩 바라보던/ 걸음마부터 배운 집 스러진 자리/ 철근 구조에 세련된 인조석/ 낯설고 우람한 빌딩 앞에서/ 우렁우렁 솟구치는 눈물
- (한 연 3행 할애)-

앞 마당 병아리떼를 뒤쫓다/ 툇마루에 앉은뱅이책상 펴놓고/ 가갸거겨를 끼적일 적에/ 할머니는 고박고박 해바라기하시고/고모 삼촌 숙모 사촌들 모여/ 날마다 잔치 벌이던 집

친목계 가신 부모님 기다리며/ 늦도록 재재바르던 일곱 남매도/ 희끗희끗 낡아지는데/ 햇살 같은 기억 품안고/ 다시 일어서는 남향집/ 끝끝내 그리울 나의 고향집/.
-「남향집」에서

이밖에 향수에 상관된 시편에는 고향의 옛 친구들과 함께 찍은 흑백사진 같은 「청춘 스케치」 등도 포함할 수 있다.

3. 서정 세계 및 식물적 상상

시문학에서의 서정과 식물적 상상력은 기본적인 문학의 요소인 만큼 김 시인은 이를 많은 분포로 잘 활용하여 독자층의 흡인력을 지닌다. 대상 가운데 이번 작품의 분포를 셈해보더라도 각 부의 15편 중 1부의 5편에 이어 2부의 12편, 4부는 7편이 제목이나 내용에서 식물적 상상력으로 이루어져 있다. 이런 시의

서정성과 다채로운 식물적 상상력은 그의 시 영역을 유연하고 다양한 영역 확대로 연결된다. 식물성은 사나운 동물이미지나 무생물로 굳은 광물성과 달리 살아 숨 쉬는 생물성의 리듬을 동반하기에 서정과 밀접하다.

그만큼 이번 시집의 분포에서 나무, 꽃, 풀 등의 식물적 상상력이 많은 특색을 드러낸다. 휠 라이트의 원형상징에 의하면 나무나 꽃 풀 등의, 식물적 상상력은 우주의 조화, 성장, 번식, 재생, 삶 등을 상징한다. 이번 작품들에는 녹색 이미지를 띤 식물적 상상력이 태반이다. 그 시편들 가운데 인상적인 일부를 살펴 감상해 본다.

> 소나기 한바탕 휩쓸고 간 꽃밭에
> <u>별이 무더기로 떨어졌구나</u>
>
> 가녀린 줄기에 서로를 의지하고도
> 쓰러질 듯 반쯤 누워
> 가을로 가는 하늘을 쳐다보는
> <u>마알간 얼굴마다 구슬이 오롱조롱</u>
>
> 매미 소리도 사위는 오후
> 안으로 안으로만
> 늦여름을 익히는
> 도라지 꽃밭
> 오늘 밤에는 구름 사이로

아스라이 눈썹달이 흐르고
지친 가슴 가슴마다
보랏빛 고운 별이 가득 뜨겠네   -「도라지 꽃밭에서」전문

망초꽃에 앉은 흰나비/ 마냥 한가로운데/ 산딸기 빨갛게 익어가는/ 호젓한 오솔길// 얼크러져 핀 칡꽃, 메꽃, 계요등/ 번지는 향기를 따라가노라면/ 저만치 패랭이꽃 한 송이/ 까치발로 기다리는데// 고개 숙인 산나리꽃 하도 고와서/ 하늘빛 캔버스에 그려 옮기고/ 초록빛 서툰 시도 써보다가/ 풀냄새 새소리 동무하여/ 이야기꽃 피우며 걷던// 휘었다 펴지고 구부러지며/ 사라질 듯 이어지는 조붓한 길/ 바람도 웃으며 쉬었다 가는/ 먼 먼 옛길 7월의 오솔길
                            -「7월의 오솔길」전문

의혹과 불안이
생활의 벼릿줄을 흔들 때는
가슴속 빈터를 일구어 보자

강아지풀, 달개비, 질경이들을
넉넉히 들이고
가꾸지 않아도 무리 짓는
미소한 것들에 취하여
드문드문한 별빛이라도 입고 서서

오복소복 피어 꿈꾸는 풀꽃처럼
텃밭을 채우며 반짝이다가
이윽고 깊은 허기를 달래줄
한 편의 시(詩)라도 가꾸어 보자   -「텃밭에서」전문

매화 두어 송이 벙글어/ 법당 추녀 끝 감도는 향기/ 소소리바람 재우며 잔설 위에 내리면/ 풍경소리 고요해지고/ 목어도 지그시 눈 감으며/ 귀를 기울인다
　　　　　　　　　　　　　　　　　　－「봄이 오는 소리」에서

　살짝 수줍은 좁쌀냉이/ 마냥 순진한 봄맞이, 꽃마리/ 걸그룹 군무를 뽐내는 황새냉이/ 독립투사의 결기를 지닌 뽀리뱅이/ 길바닥에 누워서도 굳센 질경이/눈웃음 사랑스러운 갓냉이/ 거리의 댄스 요정 씀바귀/ 팝핀 스타 큰비노리// 바람이 불거나 불지 않거나/ 궁색해도 낙락(樂樂)한 제 살림에 골몰한/ 그저 작고 생기로운 것들을 나는/ 따스한 눈길로 응원하는데// 바람이 불거나 잦아들거나/ 작은 것들을 보듬는/ 이 찬란무쌍한 봄날은/ 그저 무심히 흘러 흘러간다
　　　　　　　　　　　　　　　　　　－「작은 것들을 위하여」전문

　볼 통통한/ 가을 민들레 한 송이/ 말갛게 웃는 아침/ 오늘의 축복을/ 두 손으로 받아들며/ 옥빛 하늘 우러르오니/ 풀꽃 몇 송이/ 더 피어나게 하소서/ 넘노니는 금빛 햇살 아래/ 옹긋봉긋한 열매들/ 조금 더, 조금만 더/ 익게 하소서/ 이파리들 마지막 하나까지/ 고이 물들게 하소서
　　　　　　　　　　　　　　　　　　－「가을 아침의 기도」전문

　서슬 퍼런 눈보라 속에/뜨거운 마음 걸어두고/ 소리 없는 웃음으로/ 그대를 생각합니다// 나직한 돌담 그늘에 누워/ 까마득히 잊힐지라도/ 동그랗게 웃으며/ 그대를 사모합니다// 외로움 모두 내려놓고/ 눈부신 초록 눈물로/핏빛 상처를 씼으며/ 그대만을 그리나니// 저녁놀 붉고 붉어도/ 봄으로 가는 바람 속에/ 흩어지는 나의 노래/ 그대를,/ 오직 그대만을 사랑합니다
　　　　　　　　　　　　　　　　　　－「동백」전문

겨우내 나는
열다섯 폭 치맛자락을 펼쳐 볕을 거두었다
마지막 한줌의 온기까지 탐하면서
심장 가까이 너를 품고 뼈를 흔드는 바람을 버티었다
발끝에 힘주고 검불 사이로 몸을 낮춘 채
미풍이 가지 끝을 간질일 때 나는 너를 깨웠다
치마폭 들썩이며 환호하던 햇살 가득한 얼굴
너의 첫 웃음을 어찌 잊을까

빛나는 날은 가고 나는 물레질을 한다
길쌈과 바느질로 분주하던 일고여드레
눈부신 털옷을 너에게 입혀
후덕한 바람 위에 태워 보내거니
가서 너의 날을 살아라
네 이름은 민들레, 기억해다오
나는 여기 남는다
나의 터전, 네가 떠난 그 자리에

어느 바람결에 너 닮은 꽃씨 하나
편지처럼 찾아들면
나는 한눈에 알아보리니
보송한 피붙이를 그러안고
웃어도, 웃어도 눈물어릴 그날을
기다리련다   - 「민들레의 편지」 전문

4. 산뜻한 기교적 양상

여기에서는 먼저 언어의 예술인 시문학의 기초적인 표현 기법, 이미지 연결 등을 살펴볼 차례이다. 김 시인의 경우는 정규적인 문학 전공을 하기 어려운 처지에서 기성에 못지않게 돋보이므로 참고가 된다. 이 점에 관심을 두고 김 시인과 통화해 본 바에 의하면 본인이 시골 중학 3년생 때 담임이던 이영래 선생께서 매일 아침 수업 전에 좋은 시 1편씩을 판서해 놓고 익히게 하신 일이 좋은 바탕을 다진 것 같다고 말했다. 그 이후로 사회에서 직장생활 중에도 문학과 친했다는 것이다. 은퇴 후에 수필가로서 창작수필을 강의하는 오창익 교수님 지도와 추천으로 수필 활동을 했다. 그런 다음에 노유섭 시인으로부터 시문학 지도를 받아 시단에도 등단한 것이다. 그러므로 시와 산문을 동시에 활용한 두 장르 상호간의 융합의 장점이 바람직하다고 생각한다.

따라서 이런 문제와 상관하여 참고해 볼 점이 있다. 김 시인의 첫 수필집과 이번 시집에는 실험적으로 몇 작품을 두 장르로 발표하여 눈길을 끈다.「그 겨울밤, 청량리행 야간열차를 타고」, 「눈, 아버지의 싸리비 소리」,「비문 선생」등. 이 작품들은 시와 산문의 성격대로 양 장르에 조화롭게 잘 어울린다. 물론 독자의

취향에 따라서 선택의 폭에는 다소의 차이를 드러내게 마련이다. 이번의 내 견해로는「그 겨울, 청량리행 야간열차를 타고」의 경우만은 시적 입체성이나 중후한 밀도감에서 시 장르로 다룬 작품을 선호한다. 문제는 시와 산문을 겸하여 글쓰기에 저촉되지 않고 오히려 상생적이라면 글의 성격에 따라 장르를 자유롭게 선택해서 활용할 수 있다.

또한 김미자 시인의 시편들에 드러난 특색의 하나는 사물을 대하는 대상이나 시각에 따라 '나'와 '너'의 상응관계로 접근하고 있다는 점이다. 인생 나이테가 늘어감에 따라 사물에 대한 사색과 통찰이 깊어진 성향이다. 흔히 시 작품에서는 으레 자아인 '나'를 중심으로 다루므로 화자를 밝히지 않는 일반 경우와 대조된다. 그렇지만 요즘 자아와 대상의 관계가 다양해지고 많아지는 추세를 감안하면 김 시인처럼 자아(나)와 대상(너)으로 나눠서 접근함이 편리하다고 본다. 이를테면, "벚꽃 피면 같이 걷자던 너는/ 그 봄, 꽃이 피었다 다 지도록/ 창백한 병실에 갇혀버리고/ 나는 온 봄을 채운 꽃들이/ 하나도 보이지 않았다." -「다시 벚꽃 길에서」(서두). 그런가 하면 "젖은 몸 말리던 갯바위에 앉아/ 너에게 두 손 담그면/ 동그랗게 간질이다/ 두 발마저 담그면/ 마디마다 헤아려 보듬어 주는" -「동해바다」중에서와 같은 경우가 참고 된다.

이밖에 김미자 시인의 참신한 문장 표현 몇 가지를 들어 본다.

"바람 서걱대는 밭두렁에서/한나절 봄을 캐시는 어머니/ <u>구부정한 등 너머로/ 시나브로 번지는 우윳빛 안개</u>"
- 「봄 냉잇국」중에서

"옥수수 툭툭 꺾어/가마솥에 쪄주시던/ <u>등 굽고 깡마르신 고모할머니/ 땀에 전 베적삼에서 나던/ 풀냄새, 흙냄새, 소여물냄새</u>"
- 「저녁 산책」중에서

위의 두 문장은 눈앞에 펼쳐 보이는 듯 전경화(前景化)된 시각적 이미지 속에 뒤섞인 후각적 이미지를 연결지어 표현한 명문장이다.

더욱이 「그 겨울밤, 청량리행 기차를 타고」의 종착역에 도착해서 느낀 묘사 대목은 백미이다. 처음 찾아온 서울 청량리가 이름처럼 맑고 서늘하기는커녕 오염된 냉기가 돈다라는 것이다. 언어유희를 통한 펀(fun) 기법이 돋보인다. **역 앞 광장을 휘돌던 기름진 냉기는 도무지 청량하지 않았지만**"-

다음은 더덕을 파는 아주머니의 더덕보다 더 더덕 같은 손과 냄새를 복합적으로 다루고 있다. 이런 경우는 시각과 후각뿐 아니라 촉각적 이미지까지 겹쳐서 남다른 이미지 표현의 묘미를 이루고 있어 눈길을 끈다.

　마흔 몇 해/ 더덕보다 더 더덕 같은 손으로/ 벗겨내는 까풀 사이로/ 재빨리 날아와 휘감아드는/ 알싸한 고향 향기로/ 애틋한 마음 쓰다듬 었는데　　　　　-「더덕 향기」중에서

　그런가 하면, 다음 글은 유머 감각과 환한 감성이 넘치는 경쾌한 시 부분이다. 음성을 기호적인 동그라미로 표현하는 발상이 빛나고 의사의 처방도 부드러운 감성어로 표현하는 묘미가 흥미롭다. 모처럼 시인이 자신의 작품 속에 경쾌할 만큼 유머를 활용하고 있어 신선하다. 길가의 나무가 폭죽을 터뜨리는 건 화창한 날씨의 시인적 감흥을 드러낸 것으로 본다.

　동글동글한 음성에 마음 환해지고
　말랑말랑한 처방에 싱그레 웃다가
　괜히 콧등이 시큰해지고

　약 몇 첩 받고 돌아서는데
　손전화기가 바닥에 툭 떨어지고
　괜찮으냐고 물어보는 다정(多情)에
　쥐 닮았으면 말짱할 거라며
　하하하 웃고 거리로 나서니
　팡팡 파방팡 길가 나무들이
　꽃 폭죽을 터뜨리고　　　　　-「봄날에 하하하」 중에서

5. 남은 과제와 기대

위에서 우리는 뒤늦게 문학의 길에 입문한 김미자 시인이 등단 5년 차에 펴내는 첫 시집의 작품세계에 대하여 살펴보았다. 뒤늦게 다듬은 대로 누구보다 스스로 말없이 수용하는 긍정적인 의식과 싱그럽고 밝은 품성이 돋보인다. 거기에 동서양의 지성과 예술적인 소양도 두루 갖추었다. 적절한 유머감각이며 신구세대의 덕목을 두루 겸비한 인재이다. 예문에는 할애되었지만 최근의 우크라이나 참상 고발과 튀르키예의 지진에 대한 관심도 함께하고 있다. 지금도 시문학의 향방을 다채롭게 모색하고 있는 중이라고 생각된다. 앞으로는 각별한 부모님에 치우친 자리에서 순리대로 벗어나리라 여긴다. 그 밖에 지구촌의 환경문제, 예술취향, 가톨릭 신앙문제, 코로나 펜데믹 작품 등은 보기에서 접어둔다.

밝고 유능한 늦둥이 시인의 시집 출판을 축하하면서 아무쪼록 스스로 몰래 가꾼 김미자 시인의 문학나무 동산에 풍성한 시와 산문들의 열매가 가득하길 바란다. 내가 이번 시집을 계기로 숨겨져 있던 신진 시인을 만난 건 뜻밖의 행운이다. 더욱 자신 있게 창작에 전향적으로 매진해 나가길 바란다. 요즘 세계는 바야흐로 백세클럽을 구가하는 세기인(쎈테나리안) 시대이므로 김미자 시인은 아직 한창인 문인이다. 열심히 매진하다 혹여 글쓰기가 막힌다면 「시화전의 깃발」 등에서 엿보인 포스트 모던적인 기법도 우리 문단에 걸맞게 기량껏 활용하여 창작의 길을 새롭게 넓혀가도 좋다고 믿는다.

끝으로 참고적인 견해를 더한다면 이번 사화집이 마침 김 시인의 인생 여정에서 뜻깊은 한 매듭에 해당될까 싶어 조언을 드린다. 예전 같으면 회갑만 맞으도 잔치를 벌이고 축하했으니 우리 미풍양속을 외면할 일이 아니다. 이번이 김 시인의 여정에서 중요한 지점에 해당된다면 그 의미를 깊이 새기고 새롭게 출발하길 바란다. 모처럼 가족과 이웃들이 함께 오붓한 잔치를 겸하여 감사하고 축하하며 더 밝은 앞날을 다짐했으면 싶다. 오래도록 가정과 이웃에 좋은 봉사를 이어오며 가족과 사회 발전에 이바지한 노고에 격려를 보낸다. 이번 시인의 첫 사화집은 서로에게 다채롭고 소중한 시문학 향연의 대상이 되고 남는다. 옛날 그리스의 플라톤은 자기 학원에서 철학도들과 음료수랑 과일을 들며 사랑론을 폈다고 알려진다. 반세기 전 시골에서 『그 겨울밤, 청량리행 기차를 타고』 서울에 입성한 이후 시인은 이제 자신의 아늑한 서재에서 알찬 역작을 두루 빚어내기 안성맞춤이다.

거듭 값진 첫 시집 출간을 축하하면서 우리 함께 건필을 빌고 발전을 기대한다.